KB090690

탈북 그 후,
어떤 코리안

탈북 그 후, 어떤 코리안

2014년 9월 20일 1판 1쇄 인쇄
2014년 10월 10일 1판 1쇄 발행

지은이 | 류종훈
펴낸이 | 이종춘
펴낸곳 | BM 성안북스
주   소 | 121-838 서울시 마포구 양화로 127 첨단빌딩 5층(출판기획 R&D센터)
          413-120 경기도 파주시 문발로 112 출판도시(제작 및 물류)
전   화 | 02-3142-0036
          031-955-0511
팩   스 | 031-955-0510
등   록 | 1973. 2. 1. 제 13-12호
홈페이지 | www.cyber.co.kr

ISBN | 978-89-315-7764-8 (03300)
정 가 | 14,000원

이 책을 만든 사람들

기획 | 최옥현
편집진행 | 이병일
본문 디자인 | 하늘창
표지 디자인 | 윤대한
마케팅 | 구본철, 차정욱, 나진호, 강호묵
홍보 | 전지혜
제작 | 김유석

이 책은 방일영문화재단의 지원을 받아 저술 · 출판되었습니다.

이 책의 어느 부분도 저작권자나 BM 성안북스 발행인의 승인 문서 없이
일부 또는 전부를 사진 복사나 디스크 복사 및 기타 정보 재생 시스템을 비롯하여
현재 알려지거나 향후 발명될 어떤 전기적, 기계적 또는 다른 수단을 통해
복사, 재생하거나 이용할 수 없음.

탈북 그 후,
어떤 코리안

KBS 류종훈 PD 지음

" 사람들이 물어요.
너는 노스냐 사우스냐.
저는 대체
어떤 코리안입니까? "

BM 성안북스

"
사람들이 물어요.
너는 노스냐 사우스냐.
저는 대체
어떤 코리안입니까?
"

●

이 책은 KBS 스페셜 '탈북 그 후, 어떤 코리안' (2012. 4. 방송) 의 방송 내용을 토대로 한다. 이후 추적 60분과 KBS 파노라마 등 관련한 추가 취재분을 덧붙였다.

언론 노출을 꺼리는 사람들이 다수였던 점을 감안해 모두 가명으로 옮겼다. 아마 취재진을 만날 때 그들의 이름도 모두 가명이었을 것이다. 진짜 이름을 찾을 날이 빨리 오기를 바란다.

방송국 밥을 먹은 지 10년 만에 처음으로 다큐멘터리 프로그램을 활자로 옮긴다. 삶의 이유가 된 두 딸 이서와 이재에게 바친다.

1_ 국가를 버리고 국경을 넘어 탈출한 북한주민들은 다양한 용어로 불린다. 탈북자, 새터민, 북한이탈주민 등이 그것이다. 한국 정부는 '북한이탈주민의 보호 및 정착지원에 관한 법률'에서 북한이탈주민을 '군사분계선 이북지역에 주소, 직계가족, 배우자, 직장 등을 두고 있는 사람으로서 북한을 벗어난 후 외국 국적을 취득하지 아니한 사람'이라고 정의하고 있다. 탈북자라는 용어가 부정적이라며 고개를 젓는 사람들도 있지만 가장 직접적인 용어이고 스스로 통용한다는 점을 고려 이 책에서는 그들을 탈북자라 부른다.

2_ 현재 대한민국에 거주하고 있는 탈북자는 2014년 3월말을 기준으로 2만6천명을 넘어섰다. 그리고 이들 중 적지 않은 수가 한국을 떠나 유럽 혹은 북미 지역에 가서 난민 신청을 한다. 한국을 거쳐 왔다는 사실은 숨긴다. 북한을 탈출한 후 해당 국가에 바로 입국해 망명 신청을 하는 모양새를 만들기 위해서다. 신청이 받아들여지면 합법적 난민 신분과 사회복지 혜택을 받을 수 있다. UNHCR(유엔난민기구)는 2013년말 기준으로 해외에서 난민지위를 받았거나 대기중인 탈북자를 2,118명으로 발표했다. 거절당한 경우와 불법체류를 감안하면 머릿수는 더 많을 것으로 추정된다. 언론은 이들을 탈남탈북자, 위장망명자, 해외탈북난민 등 다양한 용어로 부른다. 이 책에서도 경우에 따라 혼재해 사용한다.

3_ 2004년 미국은 북한인권법을 제정해 한국을 거치지 않은 탈북자들이 미국행을 원할 경우 심사를 거쳐 받아들이고 있다. 탈북자들의 미국행에 대한 관심도 이때부터 커졌다. 당연히 한국행을 원할 것이라는 우리의 생각과는 달리 인터뷰에 응한 많은 탈북자들의 최종 목적지는 한국이라기보다는 새 삶을 살기에 적합한 곳이라는 답이 많았다.

4_ 제네바협약에 의하면 국제법상 난민은 '국적을 가진 나라나 거주지 바깥에 위치하고 있는 자로서 인종, 종교, 국적, 특정 사회계층, 정치적 의견을 이유로 박해를 받을 만한 근거 있는 공포로 인해 귀환을 원하지 않는 자'를 의미한다. 하지만 중국은 탈북자들이 경제적인 이유로 생계를 위해 국경을 넘었다는 점을 들어 난민 지위를 인정하지 않고 있다. 따라서 탈북자들은 중국에서 숨어 살 수밖에 없다. 발각되면 북한으로 송환되고 가혹한 처벌이 기다리고 있다. 이들이 몇이나 되는지는 정확치 않다. 수만 명이라는 사람도 있고 20만이 넘는다고 보는 연구자들도 있다.

5_ 한국 정부는 한국에 정착을 희망하는 탈북자들을 지원하고 있다. 정착 지원과 주거 지원, 취업 지원은 물론 대학특례입학 등 각종 지원은 탈북자들이 평생 경험해보지 혜택이다. 중국에 있던 탈북자들은 주로 동남아시아 또는 몽골을 경유해 한국행을 택한다. 태국 등은 자국에 불법 입국한 탈북자들을 인도적 차원에서 북한으로 추방하지 않고 한국을 비롯 그들이 원하는 국가로의 정착을 허용하고 있다.

6_ 탈북과 탈남의 과정에는 많은 브로커들이 개입한다. 서울대 통일평화연구원의 조사에 의하면 2009년을 기준으로 탈북에 드는 비용은 1인당 200만원에서 400만원이 적정한 가격으로 인정된다고 한다. 한국에 입국한 이들의 초기 탈남을 돕던 브로커들도 1인당 300만원 내외의 돈을 받았다. 최근 브로커들 중 일부가 탈남 과정에서 금융기관의 불법 대출 등, 범죄를 알선하는 사례가 적발되고 있다. 이 책에서는 이들의 범죄 행위에 대해서도 다뤘다.

차
례

제1장 유럽 대륙의 탈불자들

탈북 1만km, 생사의 갈림길을 넘는 사람들

●

숨이 가빴다. 얼굴을 찡그리더니 이내 주저앉았다. 누군가 달려들어 개울물에 얼굴을 처박았다. 벌컥벌컥. 거칠게 물을 들이키는 소리를 따라 너덧 명으로 보이는 일행이 일제히 물속을 향해 머리를 들이밀었다. 서너 시간쯤 됐을까. 인솔자를 따라 정신없이 뛰다걷다를 반복한 그들이었다. 간간이 낙오자를 확인하는 것 외에는 일체의 소리도 내지 않았다.

목은 갈증으로 타는 듯했다. 달빛조차 희미한 어느 숲속. 이곳은 동남아시아와 인접한 중국의 국경지역이다. 어둠 속의 산 윤곽만이 어렴풋한 그곳에 한 무리의 사람들이 있다. 그들은 탈북자. 두만강을 넘고 대륙을 가로질러 무려 1만km를 내달려왔다.

이들은 자정 무렵 마지막 사선을 넘기 위해 산 밑 어느 마을에 모였다. 마을엔 안개가 자욱했다. 인솔자인 브로커 한씨가 중얼거렸다.

"지금이 국경 넘기 딱 좋은 시간입니다. 안개가 확 꼈거든요."

해가 뜨기 전 산을 넘어야 하는 그들은 서둘렀다. 길을 안내하는 유일한 불빛은 휴대폰의 액정 창이었다. 앞 사람의 등만 바라보고 어둠 속을 헤쳐나갔다.

개울 옆에 널브러져 있던 일행을 한씨가 재촉했다. 이내 일이 생겼다. 헉헉대며 주저앉았던 영호씨가 일어나지를 못하는 것이다. 13살 먹은 딸 명희와 함께 있던 오영순씨가 영호씨의 뺨을 세차게 올려붙였다. 함께 살자는 절규였다. '조금만 더 가면, 조금만 더 힘을 내면 된다' 라는 안간힘이었다. 하지만 영호씨의 맥없이 풀린 다리엔 좀처럼 힘이 들어가지 않았다.

"빨리 가요. 일이 망가진다고요. 빨리 가요."

울먹이는 목소리가 칠흑 같은 어둠을 뚫고 새나왔다.

이들과 동행한 지 한 달 남짓. 보다 못한 취재진의 입에서도 한마디 절박함이 터져 나왔다.

"함께 가시죠."

취재진이 손을 내밀었다. 낙오했다가 중국 공안에 체포되면 어찌되는지는 모두가 잘 알고 있었다. 1만㎞ 여정 내내 그들을 지배하고 있던 것은 북송의 공포. 죽음의 그림자였다. 일부는 때려죽이고 일부는 굶겨죽였다. 수용소로 끌려가면 방법이야 어떻든 죽음을 벗어날 수 없었다. 짐승이나 개돼지가 차라리 낫다고 할 정도로 두려웠다.

"여기서는 못살 길인데. 가야지. 죽어도 가야지."

영호씨가 중얼거렸다. 중얼거림은 곧 울음으로 바뀌었다. 그나마 앉아 있던 몸이 힘없이 앞으로 고꾸라졌다. 취재진이 급하게 허리를 굽히자 그가 울먹거림을 섞으며 말했다.

"빨리 그냥 가요. 그리고 우리 같은 사람들 많이 돌봐줘요. 빨리 가요."

동틀 시간이 가까워오고 있었다. 선택의 여지가 없었다. 오영순씨가 주섬주섬 주머니를 뒤졌다. 상표도 거의 지워진 낡은 사탕 몇 개를 꺼내 영호씨 손에 쥐어줬다.

일행은 발걸음을 옮기기 시작했다. 부지런한 발자국 소리만이 산속에 울렸다. 그 누구도 입을 열지 않았다. 산을 넘고 주변이 보일 정도로 해가 떠오르자 강이 보였다. 메콩강이었다. 태국, 미얀마, 라오스 세 나라의 국경이 맞닿아 있는 골든트라이앵글 지역. 배를 타지 않아도 쉽게 강을 건널 수 있을 만큼 강폭이 좁은 곳을 인솔자 한씨는 잘 알고 있었다.

산을 넘기 전 그는 일행에게, 지금까지 자신과 강을 건넌 탈북자가 족히 이백은 될 거라 했다. 걱정 말라는 장담이었다. 한씨를 따라 일행이 강물에 몸을 던졌다. 바닥이 미끄러웠다. 물이끼가 가득한 돌 때문에 일행은 휘청거리며 걸을 수밖에 없었다. 명희가 입을 앙다문 채 엄마 뒤를 따랐다. 오영순씨는 가끔 매서운 눈초리로 딸을 뒤돌아 볼 뿐 말을 하지 않았다. 두만강을 건널 때 이미 열세 살 명희도 죽음의 무게를 느꼈던 터였다. 다행히 메콩강은 잠잠했다. 한 달 전쯤 강은 갑자기 세차게 몰아쳐 탈북자 몇을 삶의 문턱에서 주저앉힌 적이 있다. 강이 사나웠다면 이들 중 또 누구를 거둬갔을지도 모를 일이다.

명희를 마지막으로 일행이 강을 모두 건넜음을 확인하자 한씨가 어디론가 전화를 걸었다. 또 다른 브로커를 만나면 중국 대륙을 가로지른 1만km의 여정도 끝이 보인다는 얘기였다. 그의 역할은 이 나라 수도에 위치한 한국 대사관까지의 안내였다. 브로커들은 세분화돼 있었다. 대사관 문턱까지가 취재진의 행선지이기도 했다.

동행하는 내내 명희는 말이 없었다. 북한에서도 중국에서도 명희는 학교를 다닐 기회가 없었다. 소리 내어 읽는 방법을 배우지 못한 명희는 몹시도 낯을 가렸다. 열세 살 소녀는 다른 또래에 비해 너무 많은 것을 보고 겪은 탓에 쉽사리 입을 열지 않았다.

털털거리며 대사관이 위치한 도시로 달리는 중고 승합차 안. 취재진이 마지막 인터뷰라 생각하고 명희에게 물었다.

"한국 가고 싶니?"

얼굴 곳곳에 숲속 이름 모를 나무들에 긁힌 자국이 있는 소녀가 고개를 끄덕였다. 한숨 돌렸는지 명희 엄마가 말을 보탠다.

"한국도 내 나라 땅인데 가고 싶어요. 내가 거기에 간다고 조국에 역적질을 하는 것은 아니잖아요. (그들은 북한을 조국 또는 조선이라 불렀다. 조국은 우리가 흔히 생각하는 뜻이 아닌 조선민주주의인민공화국의 줄임말이다.) 한국도 한 땅 아닌가요. 가서도 조선민족의 긍지를 잃지 않으면 되지요."

명희의 입이 오물거렸다. 놓치지 않고 취재진이 한 마디 더 물어보았다.

"한국에 가면 제일 먼저 뭐하고 싶어?"

명희가 입을 열었다.

"공부. 다른 애들 다하는데 나 혼자 못했으니까."

힘차게 달리는 차량 뒤로 흙먼지가 자욱했다. 명희의 한국 생활이 궁금해졌다.

보조티프가 아닌 메가티프 도장을 받으면 어디로 갈

지 생각해봤냐고 물었다. 모자를 눌러쓰고 인터뷰를

하던 정준이 정색하며 받았다.

"가고 싶은 곳 있지. 꼭 가야할 곳이 있지."

고향을 얘기하고 있었다.

"엄청나게 가고 싶지. 물론 찢어지게 가난하고 모든

게 막히고 이런 말도 안 돼는 나라지만 그 정권이 무너

지는 조건에선 정말 고향에 가고 싶지. 뼈에 사무칠 정

도로 가고 싶은 거 아마 모를 거야."

조국을 말하는 그의 목소리가 점점 나직해져 갔다.

"그리고 딱 들어가는 순간. 나는 내 본명 찾을 거야. 진

짜. 야 성국아 너도 그렇잖아. 우리 본명을 찾아야지."

영국의 탈북자들,
그들은 왜 다시 난민이 되었는가

•
•
•

뉴몰든의 이방인

영국에서 만난 북한 장교 출신 탈북자 김성국

잠깐 침묵이 흘렀다. 거의 대부분이 그랬다. 침 튀기며 말을 나누다
가도 왜 탈북 했냐는 질문이 나오면 그들에게는 뭔가 시간이 필요했
다. 김성국도 예외는 아니었다. 그는 북에서 장교였다고 했다. 왜 나왔
는지에 대한 대답 대신 자신이 나올 때 얼마나 물정에 어두웠는지를
이어갔다.

"그때 한창 중국에서 북한의 구리를 밀수해간다는 소문이 돌 때였
어요. 제가 군관복을 입고 강을 건넜는데 군관복을 보면 무장 띠에 구
리로 되어 있는 부분이 있어요. 그래서 '그것을 팔아서 여비를 만들면

되지 않겠나' 라는 생각을 했지요. 그렇게 중국이 뭔지 세상이 뭔지도 모르고 국경을 넘었지요. 중국으로 넘어와 그 무장 띠를 파니까 중국 돈으로 2원50전을 주는 거야. 그때 화룡에서 용정까지 가는 버스표가 5원이었어. 버스도 탈 수 없는 돈이었던 거지."

연변에서도 변두리인 중국의 작은 시골 용정에 도착하자 김성국은 마치 평양을 보는 듯했다. 밤에도 거리에 전기가 환했다. 어릴 적 갔었던 평양의 기억이 그랬다.

운 좋게 그는 중국의 한 식당에서 일을 할 수 있었다. 하지만 국적 없이 숨어사는 처지라 주방 밖을 나갈 수는 없었다. 주방에 딸린 작은 문틈 사이로 보이는 식당 손님들은 항상 활기찼다. 한숨을 내쉬며 1년 여를 보냈다. 중국말도 제법 들리기 시작했고 오가는 사람들의 낯도 익숙해지기 시작했다. 그리고 그 작은 문을 사이로 또 반년이 흘렀다. 그에게 중국에서 느낀 점이 있냐고 물었다. 주저 없이 대답이 나왔다.

"중국땅에 딱 가서 느꼈던 것 중 하나가 한국사람은 '사장님, 사장님' 하면서 대접받는데 조선사람은 거지 취급 받는 거요. 우리는 같은 민족인데 왜 어떤 사람은 사장님이고 어떤 사람은 거지처럼 괄시 받아야 하는지."

일은 고됐고 돈은 박했다. 선택의 여지가 없었다. 많은 중국인 업주들이 월급날이 되면 공안에 탈북자임을 신고한다고 협박했다. '한 푼 쥐어보지도 못하고 쫓겨나는 경우도 있다' 고 들었기 때문에 주는 대로 받을 수밖에 없었다. 그래도 1년, 2년이 지나고나니 수중엔 돈이 얼마간 쌓였다. 그는 전형적인 탈북자의 길을 밟았다. 그렇게 모은 돈을 모두 브로커에게 주고 또 한 번 국경을 넘었다. 어느 나라인지도 몰랐다. 그저 동남아 어디라고만 했다. 숨죽이며 버스와 기차를 갈아탔고 브로커가 이끄는 대로 산을 넘고 강을 건넜다. 한국에 들어가면 숨어 살지 않아도 될 터였다. 한국에서는 그래도 같은 민족인데 일한 만큼 대접받으면서 살 수 있을 거라고 생각했다. 국경을 넘어 그는 망설임 없이 방콕까지 내달려 한국대사관으로 들어갔다. 그러고는 얼마 있다가 한국땅을 밟았다. 2004년이었다.

김성국이 일어서더니 유리컵을 꺼내 왔다. 냉장고에 있던 술을 한 가득 부었다. 이름을 알 수 없는 위스키였다. 마트에서 샀다고 했다. 이내 담배도 꺼내 물었다. 곧 연기를 뿜어댔다. 북한남자들은 유독 술, 담배를 좋아했다. 그들은 술을 나눠 먹으며 말 하는 것을 좋아했다. 북한은 술도 귀한 나라였다. 가득 붓는 것이 습관이었다. 어느 틈에 김성국 앞의 잔도 거의 바닥이 보였다. 그가 갑자기 벌떡 일어났다. 덥다며 창문을 열어재꼈다. 그러고는 창문 넘어 길을 멍하니 쳐다보기 시작했다.

하늘은 맑았다. 좀처럼 보기 힘든 날씨였다. 늦은 오후의 나른함은 없었다. 발걸음을 옮기는 사람들은 분주했다. 저편에서 굉음을 내며 지나가는 버스가 보였다. 빨간색 이층버스였다. 버스 창문 너머로 하얗고 까맣고 노란 사람들이 뒤섞여 있는 것이 눈에 들어왔다. 전형적인 이층버스. 이곳은 런던이다. 2004년 목숨을 걸고 한국땅을 밟았던 김성국씨는 지금 이렇게 영국땅 위에 있다.

한국에서 무슨 일이 있었는지 물어볼 차례였다. 그런데 김성국의 입에서 처음 영국땅을 밟았을 때의 어려움이 먼저 튀어 나왔다.

"제가 영국에 들어와서 리버풀에 혼자 있었는데 뭐 언어가 안 통하니까 아무것도 할 수가 없더라고요. 어느 정도로 안 통했냐면 마트에 나가서 쌀을 찾아야 하는데 쌀이란 영어를 알아야 하잖아요. 근데 쌀이란 영어를 알 수가 있나."

지나고나니 우스운 이야기가 된 듯했다. 말을 이어가는 입 꼬리에 알듯 말듯 웃음이 보였다.

"그래서 한참 헤매다가 겨우 외국인 전화 빌려서 집사람에게 전화했더니 그게 라이스라는 거야. 그래서 '라이스' 하면서 간신히 쌀을 살 정도로 언어에 대한 어려움이 제일 먼저 피부로 와 닿았지."

쌀을 사는 데 성공하자 그 다음은 밥을 해먹는 것이 문제였다.

"쌀을 샀는데 생쌀을 먹을 수는 없잖아요. 간이 있어야 되는데, 된장이라도. 쌀을 사서 밥을 끓여먹으려고 하니까 밥가마가 있어야 되는데 얘네는 밥가마도 없어요. 북한식으로 그릇에다가 쌀을 불려서 물 맞추고 가스불로 밥을 했지. 그리고 다시 마트 가서 간장 사다가 반찬으로 먹었지."

그는 이곳에서 망명 신청자, 즉 난민이었다. 박해를 피해 나라를 버리고 이주한 사람들은 무리를 지어 수용소에서 생활하기도 하고 좀 더 나은 나라를 찾기도 한다. 영국에도 하루에 수십에서 수백 명씩 세계 각지에서 이들이 몰려와 문을 두드렸다. 김성국도 그중 한 명이었다. 처음 입국하고는 난민들이 거주하는 작은 집으로 옮겨져 지냈다. 영국은 자국에 망명을 신청하는 외국인들을 지방에 분산 배치했다. 리버풀, 맨체스터에서 멀게는 스코틀랜드까지 보내는 경우도 있다. 리버풀로 보내진 김성국은 반년을 그곳에서 보냈다. 정식으로 난민비자가 나오기까지 거쳐야 할 과정이었다.

결국 북한을 떠났듯 한국도 떠난 셈이다. 탈북을 하고 이어서 탈남을 한 것이다. 그는 한국에서 같은 탈북 여성을 만나 결혼도 하고 아이도 얻었다. 부인과 딸이 먼저 영국으로 건너왔다. 망명을 신청한 부인과 딸은 수월하게 난민비자를 얻는 데 성공했다. 난민청에 들어가서 북한에서 나와 중국을 거쳐 영국으로 왔다고 말했다. 북한으로 돌아가면 처형이 기다리고 있다는 말에 난민청은 어렵지 않게 난민비자를 내줬다. 하지만 1년 후 김성국이 넘어왔을 때는 사정이 바뀌어 있었다. 난민청의 심사는 까다로워졌고 기간도 길어졌다. 배치된 집에서 하릴없이 시간 죽이기를 반년이었다. 속을 끓이던 중 비자가 나왔다. 영국에서 살 수 있게 된 것이다.

신분은 중요했다. 중국에서 숨어 살던 시절 가장 간절했던 것은 신분이었다. 나라 없는 설움은 설움에서 그치지 않았다. 목숨이 달린 일이기도 했다. 한국땅을 밟았을 때 가장 안도했던 것은 신분을 가진 국민이 되었다는 것이었다. 일정한 절차와 교육이 끝나자 주민등록증을 손에 쥘 수 있었다. 숨어 살지 않아도 됐고 어디든 고개를 들고 다닐 수 있었다. 하지만 영국으로 넘어와 망명을 신청하고는 다시 신분을 잃었다. 난민비자를 받기 전까지 그는 그저 망명 신청자였다. 난민청에서 거부하면 영국에서 추방되어야만 하는 신세였다. 북송의 공포까지는 아니었지만 하루하루가 가시밭길이었다.

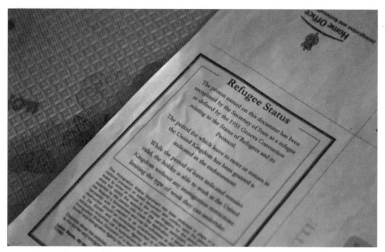

난민 지위를 인정받았음을 뜻하는 Refugee Status 란 글귀가 써진 서류.
이 한 장의 서류를 얻기 위해 탈북자들은 한국을 떠난다.

지루한 기다림 끝에 나온 난민비자였다. 신분은 곧 돈을 의미했다.
생활이 가능해졌다.

"비자 받은 다음에 난민들에게 제공되는 돈이 나오기 시작했어요.
1인당 65파운드씩 나오는 거죠. 단 공과금은 제가 부담해야 해요. 전기
세, 물세 같은 것들."

난민으로 인정받으면 정부에서 제공하는 각종 혜택의 대상이 된다.
주택 보조부터 시작해서 매주 지원금이 나왔다. 영국까지 와서 망명
신청을 하는 가장 큰 이유였다. 취업을 해서 일정 금액 이상을 벌면 지
원금은 나오지 않는 것이 원칙이었지만 많은 이들이 취업을 포기하고
지원금을 받아 생활하는 쪽을 택했다. 언어가 안 통하니 취업을 할 수
도 없었다. 난민비자를 받은 후에는 아이를 학교에 보낼 수도 있었다.

각종 권리와 복지혜택이 뒤따랐다.

현재 성국이 거주하는 집도 정부에서 상당 부분을 보조해주는 집이다. 1층에 작은 방 두 개와 주방이, 2층에 역시 작은 방 두 개와 화장실겸 욕실이 있는 전형적인 런던 교외의 주택이었다. 2층은 알음알음 찾아오는 다른 외국인들에게 세를 줬다. 조금 싸게 세를 놓았고 수요는 많았다. 주로 돈을 벌거나 공부하러 영국으로 온 유럽의 젊은이들이었다. 집세는 현금으로 오갔다. 소득으로 잡히지 않기 때문에 보조금이 깎일 염려가 없었다. 이 돈으로 부족한 주택 보조금을 채우고 나머지는 생활에 보탰다.

성국이 집을 나섰다. 길을 걷는 그의 뒤를 따랐다. 전형적인 유럽의 주택가였다. 비슷한 겉모양을 한 단독주택들이 골목길 양쪽으로 늘어서 있었다. 작은 이층집은 낮은 담으로 둘려있었고 차 한 대를 세울 수있을 정도의 공간이 마치 우리의 마당과 비슷했다. 날씨 좋은 날 파란하늘과 어우러지면 마치 동화 속의 한 풍경과 같을 정도로 겉모양은 작고 예쁜 집들이었다. 모퉁이를 돌아나오자 차가 오가는 대로변 옆으로 상점들이 있는 길이 나왔다. 영어 간판 사이로 ○○한의원, ○○분식과 같은 한글 간판들이 제법 눈에 띄었다. 뉴 몰든. 런던 교외에 있는 소도시인 이곳의 이름이다. 런던의 한인타운으로 유명하다. 어떤 한인들은 웃으며 '런던시 뉴몰동' 이라고 불렀다. 2만 명이 넘는 한인들이 거주하고 있었다. 탈북자가 영국으로 넘어온 후 주로 찾는 곳이기도했다. 탈남해 넘어 온 그들에게 영국에서의 선택지는 좁다. 언어 때문이다. 결국 같은 언어를 쓰는 한인타운으로 와야 많은 것이 해결 가능했다. 탈북에 이어 한국에서도 탈남한 그들을 현지에선 탈남탈북자라고 불렀다. 몇이나 있는지 정확히 아는 사람은 없었다. 정확한 통계도 있을 리 없었다. 성국도 들은 소문이라며 말했다.

"2008년에는 1,200명에서 1,500명 정도까지 있었다고 하던데…."

성국이 리버풀로 배치 받았듯이 망명신청자들은 영국 전역으로 흩어진다. 맨체스터, 카디프, 리버풀, 글라스고…. 성국의 입에서 나온 영국의 도시들이다. 하지만 종국에는 거의 대부분이 이 곳 뉴몰든으로 모여든다. 한인들이 운영하는 민박이나 식당, 마트 등에서 비교적 쉽게 일자리를 얻을 수 있었다. 아프거나 사정이 급할 때 한인교회라도 찾으면 외면하지 않는다는 점도 큰 이유였다. 그들에게는 어디든 기댈 곳이 필요했다.

길을 건너자 또 똑같은 모양을 한 작은 집들이 일렬로 줄을 서 있는 골목이 나왔다. 그중 한 집에 성국과 같은 탈북자가 살고 있었다. 길호 아빠라고 자신을 소개했다. 한국에서부터 성국과 친구 사이였다고 했다. 그는 취재진을 조심스러워 하는 기색이 역력했다. 얼굴에 썩 내키지는 않다고 크게 써놓은 표정을 하고 있었다. 한국사람들의 시선이 신경 쓰인다고 했다.

"바꿔 생각하면 저 사람들, 집도 주고 돈도 주면서 살아보라고 해줬는데, 받을 것 다 받고 더 받을 것이 없으니까 영국까지 와서 이렇게 또 받으려고 한다. 한국사람들에겐 그런 고까운 시선들이 분명히 있겠죠."

그에게도 넘어온 이유를 물었다. 그 역시 한국에 와서 같은 탈북자와 결혼을 하고 두 아이를 낳았다. 한국에서 탈북자들은 대학 입학 혜택이 있다. 그 덕에 늦은 나이이긴 했지만 대학도 졸업하고 회사에 취직도 했다고 했다. 인터뷰를 하는 중간 중간 아이들이 아빠에게 다가와 장난을 쳤다. 6살, 4살이라고 했다. 카메라에 불쑥 얼굴을 들이미는 것이 영락없는 애들이었다. 이 아이들 때문에 영국행을 택했다고 길호 아빠는 말했다.

"궁극적인 목적은 자녀 교육, 그것 때문에 선택했죠. 애 둘을 데리고 한국이라는 사회에서 경제적으로 뚫고 나갈 자신도 없었고 애들은 잘 키우고 싶었어요. 영어도 가르치고 싶었고."

거실이 좁다고 뛰어다니는 아이들을 잡아 무릎에 앉히고 머리를 쓰다듬는 손이 거칠었다. 아이들을 데리고 영국땅에 있게 되리라 상상이나 했을까.

"북한에서 보통 농촌에 사는 사람은 기차 꼬리도 못보고 살아요. 그러니 비행기를 언제 볼 수 있었겠어요. 자가용을 몰 수 있을 거라고는 꿈도 못 꿔 보던 제가 지금 영국땅에 있는 것이 상상이나 됐겠어요?"

짧은 한숨이 흘렀다.

"제가 거친 나라가 몇 개인지 아세요? 북한을 떠나서 중국, 캄보디아, 베트남, 태국, 한국, 홍콩, 영국. 일곱 나라를 거쳤어요. 어떨 때는 신기하기도 하고, 놀랍기도 하고, 뭐 하나 싶기도 하고."

아이들은 부모의 여정을 알고 있을까? 많은 경우 목숨을 걸어야 했던 부모의 험했던 길을 알 리가 없었고 알려주고 싶지도 않았다. 하지만 아이들에게 북한에 대한 이야기는 가끔 한다고 했다.

"저는 아이들한테 가끔 얘기를 해줘요. 아빠 엄마는 북한에서 왔으며 우린 통일이 되면 꼭 북한으로 돌아가야 한다. 그리고 아빠 엄마가 못하는 그런 일들을 너희가 해외에서 공부를 열심히 해가지고 북한에 가서 꼭 실력을 발휘해야 한다. 그것은 너희들 의지하고 상관없이 우리의 정체성이고 부모의 정체성이기 때문에 꼭 그렇게 해야 한다. 이렇게 가끔 알아듣지는 못하는 것 같지만 아이들에게 교육을 하고 있습니다."

그는 아직 노스코리안, 북한사람이었다.

안녕하세요? 서울 KBS에서 왔습니다

제법 많은 수의 한국인이 거주하다 보니 대형 한인마트도 있는 지역이 뉴몰든이다. '코리아푸드'라는 이름을 붙인 한인마트는 직원만 수백 명에 이를 정도로 컸다. 인근의 다른 아시아인들도 주요 고객이었고, 또 영국인들의 아시아 음식에 대한 관심이 커지면서 중소기업 규모로 성장한 곳이었다. 마트 내부는 계산대에서 일하느라 부지런히 손을 놀리는 직원, 상품의 전시를 담당해 발걸음이 바쁜 직원, 재고를 정리하느라 창고를 넘나드는 직원들로 분주했다. 직원들 관리를 담당하는 한국인 이사가 귀띔해줬다.

"240명의 직원 중 약 40여 명이 탈북자라고 저희들은 알고 있습니다."

그는 일하느라 분주한 이들 중 몇을 넌지시 지목했다. 겉모습만 봐서야 그들이 한국인인지 북한인인지 중국인인지 알 수가 없었다.

"안녕하세요? 서울 KBS에서 왔습니다."

"어디서 오셨어요?"

다섯에게 물었지만 본체만체, 자신들의 일에만 집중하고 있었다. 소개를 받지 않고 그들과 현장에서 직접 부딪혀 대화를 나눈다는 것은 거의 불가능했다. 국경을 넘고 낯선 나라에서 숨어사는 것에 이골이 난 이들이었다. 뜬금없는 취재진의 질문에 날선 표정과 경계심은 당연했다. 눈길도 주지 않고 일을 하며 자리를 피해버렸다. 한 명만이 눈을 마주쳤을 뿐이다. 거듭 물어보자 답이 나왔다. 하지만 몹시 짧았다. 코리아에서 왔다고만 했다. 뉴몰든에 거주하는 탈북자를 취재하고 있다는 말을 하고 어제 만난 성국과 길호아빠 이름을 대자 표정이 약간 풀어졌다. 하지만 여전히 답은 길지 않았다. 3년 됐다는 그는 영국에 와서 난민비자를 받고 지게차 운전을 배웠다고 했다. 그러고 보니 지게차로 물건을 옮기는 손놀림이 능숙했다. 스물여덟이라고 했다. 나이에 맞지 않는 얼굴 주름과 거친 손에서 그의 쉽지 않았을 여정이 보였다. 대화는 더이상 이어지지 못했다. 실제로 몹시 바빠 보였다. 지게차의 시동을 거는 그에게 한마디 질문을 던졌다.

"오니까 좋으세요?"

의외로 씩 웃으며 그도 한마디 되받았다.

"좋지요. 몸 쓰는 만큼 벌 수 있으니까."

지게차는 이내 등을 보이고 창고 깊숙한 곳으로 향했다.

그나마 이곳에서 일하는 탈북자들은 의지가 있는 사람들이라고 한국인 직원이 말했다.

"난민비자를 받기만 하면 모든 것이 해결되었다고 해도 과언이 아닐 정도로 영국의 복지 시스템이 괜찮습니다. 4인 가족 기준으로 하면 한 달에 200만원에서 300만원에 가까운 돈을 무상으로 지원받는 겁니다."

군이 일을 해서 혹시 일정 소득이 넘으면 정부에서 주는 보조금이 줄어드는 상황에서 일 하는 쪽을 택한 이들은 그래도 마음가짐이 됐다는 것이 그의 설명이다.

그렇다면 뉴몰든에 거주하는 한국인들이 이들을 보는 눈길은 어떨까? 고울 리가 없다. 한국인들은 합법적으로 영국을 밟는 경우가 대부분이기 때문에 납세와 취업에서 철저하게 법을 준수해야 한다. 그러다 보면 직업을 구할 때도 그렇고 비자 성격에 따라 많은 제약이 있다. 영국에 와서 정착 초기에 고생했을 한국인들 눈에 탈북자들은 무임승차자로 비춰졌을 것이다. 더구나 대부분의 탈북자들이 한국을 거쳐 왔을 것이라고 하면서 코리아마트의 한국인 직원이 말을 이었다.

"영국에 오려면 일단 비행기값이 있어야죠. 비행기값은 한국돈으로 150~200만 원 정도합니다. 탈북자들이 중국에서 150만 원 모으려면 10년 이상 걸린다고 들었어요. 국적도 없기 때문에 중국 여권을 만드는 것이 힘들죠. 만약 4인 가정이 온다면 800만 원 가까운 돈이 있어야 하지 않습니까? 그 돈을 중국에서 모으기는 현실적으로 불가능합니다."

그래서 그들을 보는 한인들의 맘은 복잡하다고 했다. 그는 그래도 한민족이니만큼 우리가 그들을 도와야지 누가 돕겠냐고 반문했다. 마트에 근무하는 탈북자들을 관리하는 입장에서 당연하다는 생각이 들었다. 하지만 한국인들의 속내를 되풀이해서 묻자, 난처한 표정으로 자신도 들은 얘기라며 전해줬다.

"이곳 뉴몰든에서 명품을 갖고 다니는 사람은 북한사람이고 짝퉁 가지고 다니는 사람은 남한사람이다, 그런 우스운 얘기도 하더라구요."

탈북의 이유 그리고
탈남의 이유

"유럽에 가면 배관공이나 차량 정비가 최고다"라는 말에 유학생이나 주재원들은 웃으며 공감할지도 모르겠다. 집수리나 차량 수리 같은 일을 하는 사람들을 구하기도 힘들고 무엇보다 비싼 인건비 때문에 부를 엄두를 내지 못한다. 거꾸로 얘기하면 그런 기술을 갖고 있으면 먹고 살 일은 걱정하지 않는다는 얘기이기도 하다.

김석호씨는 북에 있을 때도 손재주가 좋았다. 철도 공무원이었지만 흔히들 목공예라고 하는, 나무를 가지고 무언가를 하는 일에 능숙했다. 차량 수리도 북에 있을 때 하던 일이다. 그는 영국에 온 뒤 가정집 인테리어 공사나 차량 정비 아르바이트를 했다. 손재주가 워낙 좋고 성실해서 여기저기 찾는 곳이 많았다. 정부의 지원금을 받지 못하는 그였지만 먹고 사는 일은 스스로 해결했다. 석호씨는 난민비자를 받지 못했다. 어처구니없는 실수 때문이다.

"애 엄마가 노스코리안이라고 계속 말했는데 가방 속에서 떡하니 한국 여권이 나온 거지."

허허, 웃는 그의 얼굴에서 당시의 좌절감을 찾기는 어려웠다. 마른 체형이지만 소매를 걷은 팔은 단단했다. 그 역시 사선을 넘나들었음을 쉽게 짐작할 수 있었다.

"그땐 벼 뿌리도 캐먹고, 소나무 속껍질도 다 벗겨먹었어."

사람 죽는 것이 흔한 세상이었다. '의식이 족해야 예를 안다'고 했나, 북에서는 인간에 대한 최소한의 예의를 찾아보기 힘들었다.

"사람 죽는 게, 참. 하루가 멀다고 건넛마을, 윗동네에서 누가 죽었네, 아랫동네에서 누가 죽었네 같은 소식뿐이었지. 옛날 같으면 장례식 절차를 밟고 마을사람들이 모여 관이라도 짊어졌을 텐데, 그땐 엄

손재간이 있어 차량정비 일을 하는 김석호씨는 한국을 거쳐온 것이 들통나는 바람에 난민 지위를 얻지 못했다.

두도 못 냈어. 그땐 진짜 길가다 발끝에 차이는 것이 시체였어."

그에게도 탈북은 선택이 아니었다. 살기 위해선 국경을 넘어야 했다. 그리고 한국으로 넘어왔다. 진짜 새로운 사람으로 멋지게 살아보려 했다고 말하던 그가 잠시 숨을 골랐다. 많은 이들이 그러했듯 그도 그의 뜻대로 생활하지 못했다. 굳이 듣지 않아도 알 수 있는 일이었다.

그는 한국에서 아이들 얼굴 볼 시간도 없이 일했다고 했다. 새벽별 보고 나섰고 귀갓길은 항상 늦은 밤이었다. 열심히 일은 했지만 수입은 볼 품 없었다. 게다가 10살이 넘어 한국에 들어온 아이들은 초등학교에서 힘들어 했다.

"애가 둘인데, 남매를 다른 한국사람들처럼 학원 보내고 공부시키는 것은 꿈도 못 꿀 일이었죠."

조금 모아뒀던 돈마저 사기를 당해 모두 날리고 그는 다시 짐을 쌌다. 남은 돈을 털어 브로커에게 건넸다.

"영국 공항에 내리니까 안내해주는 사람이 나와요. 그 사람 안내를 받아가지고 숙소에 가서 하룻밤 자면서 이민국에 가서 망명한다고 절차를 밟으면 된다는 말을 들었죠."

한국에 있었던 것이 확인된 탈북자에게 영국정부는 난민비자를 내주지 않는다. 한국도 탈북자들의 정착을 지원하기 때문에 다시 한국으로 가라고 통지할 뿐이다. 석호씨는 현지 자원봉사자들의 도움을 받아 다시 난민비자를 신청해서 대기 중인 상태였다. 그 와중에 어찌 되었는지 취업허가증이 나왔다. 대기 중인 기간에는 합법적으로 일을 할수 있었다. 그는 다시금 가장으로 돌아왔다. 그리고 타고난 성실함으로 별 불편 없이 네 가족의 생계를 꾸릴 수 있었다. 주방에서 달그락 거리는 소리가 들리더니, 석호씨가 취재진에게 밥을 먹고 가라며 싱긋 웃었다. 웃을 때 잇몸이 보였다. 잇몸이 보이게 웃는 사람들이 순하다는 말이 있다. 그 말을 증명하듯 석호씨는 인터뷰 내내 순박했다. 끓고 있는 육수는 국물이 맑았다. 국수를 넣고 휘휘 젓더니 바로 국물과 함께 떠냈다. 간장을 조금 풀자 맑던 국물이 탁한 빛을 띠었다.

"이게 노스코리아 식이에요."

다시 잇몸이 보였다.

나이에 어울리지 않게 조숙한 이이들

국수를 내온 여학생은 석호씨의 큰딸이었다. 국물을 조금 흘리고 호들갑을 떠는 모습에서 탈북자들이 의례 갖게 마련인 경계심을 찾을 수 없었다. 그 나이 또래의 딱 그 여고생이었다. 집에 식탁은 없었다. 상을 펴고 국수를 놓고 김치를 두어 종류 꺼냈다.

"영어 잘 하겠네."

취재진이 별 생각 없이 던진 질문에 여고생다운 수다가 돌아왔다. 석호씨는 딸과 아들이 영어만큼은 확실히 배우길 원했다.

"처음 왔을 때 하루에 영어 단어 60개씩 외우지 못하면 아버지가 굉장히 혼내셨어요."

국수를 먹다 말고 그때 얘기를 하는 선경이의 표정이 웃음인지 한숨인지 야릇했다. 영국이 좋은 점 중의 하나가 아이들 교육이라고 했다. 부모의 신분과 상관없이 아이들 교육에는 지장이 없었다. 불법체류자의 아이들도 교육은 받을 수 있는 나라였다. 한국에서 학교에 다니는 것을 힘들어 하던 애들도 영국에서의 학교생활은 만족해했다. 아들은 거의 매일같이 축구공을 끼고 살았다. 석호씨는 그것이 싫지는 않은 듯했다. 영국아이들과 어울려 스스럼없이 운동을 하는 아들이 내심 자랑스러운 눈치였다.

아버지가 숙제로 내줬던 영어 단어장을 보자는 핑계로 선경이 방문을 열었다. 공부 잘 하냐는 질문에 선경이가 눈을 흘겼다. 책상에는 한국에서 찍은 것으로 보이는 가족사진이 있었다.

"영국이 한국보다 많이 좋아요. 한국에 다시 돌아간다는 건 힘들 것 같아요. 그리고 제가 살이 좀 쪘잖아요."

묻지 않았는데도 통통한 여고생 선경이는 술술 말을 이어갔다.

"한국 돌아가면 사람들이 살 쪘다고 놀릴 것 같고 탈북자라고 안 좋

쾌활한 여고생 선경이도 한국 얘기만 하면 '왕따'의 기억으로 표정이 어두워졌다.

제1장 _ 유럽 대륙의 탈북자들

은 시선도 되게 많고요. 그런데 이곳 사람들은 그런 것은 아예 신경 안 써요. 어느 나라에서 왔건, 어떻게 생겼든, 뭘 입든, 어떻게 말하든 전혀 신경을 안 써요."

말을 하며 점점 목소리 톤이 등산하듯 올라갔다. 이곳 생활에 만족한다는 것은 역으로 한국 생활이 그만큼 힘들었다는 증거였다. 선경이는 한국에서 이른바 왕따였다. 그때 얘기로 화제가 넘어가자 활달했던 여고생의 눈에서 돌연 눈물이 흘렀다.

"친구들한테 부모님 소개시켜줬는데 부모님 말투를 듣더니 '너희 부모님 어디서 오셨냐', '넌 어디서 태어났냐' 이런 식으로 물어보기도 하고."

다르다는 것은 종종 차별의 이유가 된다. 무리를 짓고 배척하기 시작하면 사소한 말 한마디도 당사자에겐 날카로운 칼날처럼 가슴을 후비게 마련이다.

"애들이 '빨갱이 빨갱이' '북한, 북한' 하면서 많이 놀렸어요."

탈북한 아이들을 만나보면 나이에 맞지 않게 조숙했다. 민첩했고 눈치가 빨랐다. 중국에선 숨어사는 것이 일상이었던 아이들이다. 부모들이 욕먹고, 매 맞고, 사람 이하의 대접을 받는 것을 직접 보면서 큰 아이들이다. 몸보다 생각이 먼저 자랄 수밖에 없었을 것이다. 그럴 수밖에 없다. 선경이도 어렸지만 그 범주 안에서 크게 다르지 않았다. 자신이 왕따 당하는 것도 문제지만 그 나이에도 부모님이 알고 실망할 것이 두려웠다. 눈물이 주르륵 쉬지 않고 흘렀다.

"아버지만 생각하면 정말 가슴 아프죠. 그러니까 한국에까지 살려고 왔는데 애들이 왕따나 당하고…. 정말 많이 서러워하셨어요."

트위터도 있고 페이스북도 있고 넘쳐나는 것이 SNS 서비스였다. 한국과의 연결 통로는 다양했고 실시간으로도 연결이 가능했다. 하지만 선경이는 한국에 아무 미련이 없었다. 연락하는 친구들은 전혀 없었다. 딱히 한국에서 만났던 친구들이 그립다거나 하지 않다고 잘라 말했다.

울음이 잦아들자 선경이가 다시 한 번 조숙함을 보여줬다. 한국 정부가 잘 챙겨주었는데 한국을 떠난 자신들이 어찌 보일지 걱정된다고 했다. 어린 여고생이었지만 떠돌아다닌 기억은 챙겨준 사람들에 대한 미안함을 함께 품고 있었다. 그러면서 꼭 하고 싶은 말이 있다고 했다.

"한국분들이 너무 북한사람들을 욕하지 않으셨으면 좋겠어요. 지금도 한국에 있는 북한사람들, 그 사람들이 많이 스트레스 받아요. 사실은 같은 대우를 못 받기 때문에 그 사람들은 그 사람들 나름대로 스트레스를 받아요. 그래서 다른 나라에까지 와 망명 신청하고 어렵게 살고 있는데…. 너무 나쁘게만 보지 않으셨으면 좋겠어요. 저희들도 자유를 찾아 영국까지 다시 온 건데 그냥 좋게 봐주시면 감사하겠어요."

"그러면 한국에서는 자유가 없었냐"는 반문은 한국에서의 아픈 기억이 아직 생생한 선경이에게 잔인한 질문이 될 수밖에 없었다. 목숨을 몇 번씩 내걸었던 이들이다. 본인들 입장에서 말을 이어간들 굳이 반박을 하며 토론을 할 이유는 없다는 생각이 들었다. 울음을 멈추고 망설임 없이 코까지 팽하니 풀어버리는 선경이가 자기 소리에 놀라 다시 배시시 웃었다. 여느 아이들과 다름없는 여고생이었다.

제1장 _ 유럽 대륙의 탈북자들

"거지같이 떠도는게 지겨워요"

선경이 옆방은 원래 남동생 방이라고 했다. 그런데 지금은 선경이 또래의 여고생 은영이와 할머니 한 분이 살고 있었다. 은영이와 은영이 할머니도 얼마 전 영국땅을 밟았다. 듣던 대로 또 브로커가 시킨 대로 난민 사무소에 들어가 떠듬떠듬 노스코리아를 말했다. 하지만 난민 비자는 나오지 않았다. 탈북자들이 영국에 입국해 난민 신청을 하는 사례가 몇 년간 부쩍 늘어나자 난민비자 발급이 까다로워졌다. 영국 정부는 한국 정부가 탈북자를 받아주고 지원도 해준다며 이들에게 한국으로 갈 것을 통지했다. 은영이와 할머니는 그렇게 추방될 날을 받아놓고 기다리고 있다가 도망쳤다. 불법체류였다. 그리고 물어물어 탈북자들이 많이 있다는 이곳 뉴몰든으로 들어왔다. 석호씨는 이들의 처지가 남 같지 않았다. 얘기를 나누다 보니 고향도 같았다. 이국땅에서 고향이 같은 사람을 만난다는 것이 얼마나 위안이 되는지는 말과 글로 다 설명하기 힘들 것이다. 특히 이들에게는 더했다. 석호씨는 갈 곳 없는 은영이네에게 바로 아들이 쓰던 방을 내줬다. 한인타운이라서 은영이 할머니가 할 허드렛일을 찾는 것은 어려운 일이 아닐 것이다. 일을 찾기 전까지 방을 내준 것이다.

한국에서 탈북자들끼리의 커뮤니티는 좁아서 거의 모든 것이 공유됐다. 영국 등지로의 망명이 한국 내 탈북자들에게는 한창 화제였다. 은영이 할머니는 자신이 불법체류자가 되리라고는 생각지도 않았다. 한국 여권이나 한국돈이 발견되어 난민비자를 거부당한 얘기를 많이 들었기 때문에 영국으로 올 때 준비도 철저히 해가지고 왔었다.

"영국 올 때 그냥 갈아입을 옷을 트렁크에 하나씩만 넣고 아무것도 안 가져왔어요. 안 그러면 여기 와서 짐 검사를 엄청 심하게 한다고 하더라고요. 그러니까 한국 상표 다 떼고 전혀 한국 옷이라는 표식 하나도 없는 옷, 그중에서 제일 실한 옷으로 한두 벌 챙겼죠. 팬티 라벨 있는 것, 은영이 브래지어 속에 있는 라벨도 다 뜯어버렸어요."

나름 준비를 해가지고 들어갔었기 때문에 난민비자가 거부당할 것이라고는 생각하지 못했다고 했다.

"많이 물어보더라고요. 공화국 깃발 들어봐라. 북한 애국가 불러봐라. 김정일 생일 언제냐. 김일성 생일 언제냐. 이런 것을 종이에 써서 물어보더라구요."

주방에 앉아 할머니가 말하고 있는 옆으로 은영이가 지나갔다. 은영이는 카메라를 보자 일찍이 방으로 들어가 나오지 않았다. 선경이와는 다른 여고생이었다. 우선 예쁘장한 작은 얼굴이 눈에 들어왔다. 얼굴도 작았고 몸도 마른 편이었다. 은영이 할머니는 은영이 때문에 한국을 떠날 생각을 했다고 말을 이어갔다. 은영이가 고등학교 1학년이 되자 친구들은 심하게 은영이를 따돌렸다. 할머니가 말하는 따돌림의 수준은 심각했다.

"인터넷에 미친년 너 죽어라. 우리 학교에 다시 나오지 마라. 걸레가 될 수 있으니 주의해라. 채팅해서 어느 남자를 만날 것이냐. 만나지 않으면 너 죽인다…. 이러니까 한국에 더 있을 수가 없더라구요. 애가 예쁘게 생겼으니까 눈을 어떻게 해놓을 것 같기도 하고…. 오죽하면 담임선생님이 자퇴를 하라고 했을까요."

은영이 담임선생님은 은영이 결석이 잦아지자 자퇴를 권유했다. 친구들이 집에도 못 가게 하고 노래방, 피시방, 심지어 유흥업소 같은 데도 막 가자고 한다는 얘기를 듣고 은영이 할머니는 하늘이 무너지는 듯했다. 은영이 부모는 탈북 하다가 잡혀서 북송됐다. 그러곤 소식이 없었다. 당연히 죽었으려니 하고 산 지 오래다. 부모 없는 은영이에게 할머니는 단 하나뿐인 핏줄이다.

은영이 할머니도 중국에서 체포되어 북송되었던 경험이 있었다. 두만강을 넘어가 북한땅을 밟자마자 여기저기서 매 맞다 우는 사람들의 소리부터 귀에 들어왔다. 울음소리가 공포스러웠다. 북송되어오면 군인들은 남녀를 가리지 않고 일단 옷을 모두 벗겼다. 팬티 하나 남기지 않고 홀딱 벗겼다. 그리고 북한식으로 펌프질을 시켰다. 북한에서 펌프한다고 하면 머리를 올리고 '앉았다 일어났다'를 반복하는 것이다. 100번, 많으면 1,000번까지도 시켰다. 남자고 여자고 몸속에 돈을 숨길 수도 있기 때문에 돈 떨어지라고 시킨다고 했다. 그러고는 발가벗긴 몸에 매질을 했다.

"엄청 때려요. 그렇게 그 놈들이 지칠 때까지 때리다가 옷을 입으라 하고 감방에 처넣는데, 머리에 손 올리고 머리를 90도로 꺾고 하루 종일 앉아 있는 거야. 오줌 마려우면 손들고 오줌 누겠다고 말하고 방안 오줌통에다가 누고 또 자리에 와 앉고. 네모나게 각진 나무를 장딴지 뒤에다 끼워요. 그리고 나서 경찰이나 군인이 내려 눌러요. 그러면 막 부서지는 것 같고 엄청 아프거든요. 소리를 지르고 있으면 물어봐요. 중국 가서 한국 안기부를 만나지는 않았냐, 한국 기독교를 갔었냐, 돈을 받았냐⋯. 아이고~ 말도 못합니다."

언젠가 한 탈북단체에서 찍어온 북한 교도소 영상이 공개된 적이 있다. 군인들이 감시하고 있는 CCTV 화면 여러 개가 보였다. 좁은 방에 빽빽이 들어앉은 사람들이 손을 머리에 얹고 고개를 숙이고 있었다. 은영이 할머니의 묘사와 굉장히 흡사한 장면이었다. 그 방 한구석에 은영이 할머니가 얘기한 오줌통이 있었을 테고, 등 돌리고 그곳에 배설했을 것이다. 인간의 삶이라고 말할 수 있을까? 그래도 탈북 할 수밖에 없었던 이유는, 굶주림 때문이었다. 대부분 비슷했다.

"진짜 맹물에다가 강냉이 가루 한 숟가락 넣고 산에서 뭔 나물인지도 모르는 거 뜯어다가 한 움큼씩 넣고 끓여서 그게 국인지 물인지. 그거라도 있으면 다행이지. 그거 먹는 소리를 듣고 옆집 애가 와서 한참 문을 두드리는데 그냥 먹었어. 복도에서 그거 달라고 문 두드리다가 소리 없이 한참 있길래 다 먹고 나가보니 애가 죽어 있는 거야, 굶어서."

은영이가 그 꼴로 굶어죽으면 안 되겠다는 생각에 강을 넘었고 끌려가서 갇혀 있다가 풀려나자 바로 다시 강을 넘었다.

할머니가 인터뷰 하는 도중에 은영이는 뭘 가지러 방에서 나왔다가 다시 들어갔다. 방문을 열고 은영이에게 한국에서 왔다고 말해봤지만 눈길도 주지 않았다. 은영이는 어디로 가는지도 모르고 짐을 싸서 영국으로 왔다고 했다. 할머니는 임대아파트를 담보로 잡히고 돈을 빌린 뒤 브로커에게 줬다. 이제 한국으로 돌아갈 수도 없었다.

"한국 또 가면 어떻게 합니까? 집도 없지 모든 게 끊기고 없어요. 다 내놓고 왔잖아요. 그러니까 거기 가면 노숙자 신세를 면치 못할 겁니다. 그렇다고 자살하겠어요? 아직 애도 어리고 나도 살고 싶으니까. 여기서 벌면서 살자, 지금 결심은 그래요."

살자고 넘어간 한국에선 다른 의미로 삶이 어려웠다. 먹는 것이 없는 고통은 해결되었다. 하지만 한국에선 북에서 겪을 수 없었던 차별이라는 것이 있었다. 다 같이 못살고 다 같이 굶던 북한에서는 느끼지 못하던 것이다. 일자리를 구하려고 해도 탈북자는 조선족보다도 못한 대우를 받았다. 60이 넘은 은영이 할머니는 청소 일을 하려고 해도 조선족 다음이었다고 한숨을 쉬었다. 굶주림의 고통과는 다른 고통이었다. 은영이는 툭하면 머리가 아프고 가슴이 답답하다며 약을 찾았다. 뚜렷한 원인은 없었다. 스트레스였을 것이다. 한국에 있을 때 은영이는 갑상선이 부어가지고 약을 달고 살았던 적도 있다. 그런데 영국에 와서 반년쯤 지나자 약 달라는 소리를 안했다.

대신 은영이는 말이 없어졌다. 할머니가 뭘 물어도 대답을 하지 않았다. 언젠가 딱 한 번 지나가는 것처럼 말을 흘린 적이 있다고 했다. "거지같이 떠도는 게 지겹다"고. "한국에서는 나라에서 주는 돈으로 살다가 배신했고, 이제 영국까지 와서 빌어먹어야 하냐"고. 할머니는 딱히 할 말이 없었다. 영국에서 추방당할까봐 숨소리도 내지 못하고 숨어 살고 있는 형편이었다. 북송을 경험해본 은영이 할머니에게 강제 추방이라는 말의 무게는 남달랐다.

은영이 할머니는 날이 풀리고 봄이 오면 무슨 일이라도 구해서 할 요량이라고 했다. 1~2년 정도 일해서 비행기값이라도 모아지면 캐나다로 갈까 생각중이라고 했다. 영국이나 유럽에서 난민비자를 받기 어

난민비자를 거부당해 현재 런던에서 **불법** 체류중인
은영이 할머니가 창 밖을 보고 있다.

렵다는 소문이 퍼지면서 탈북자들 사이에선 캐나다가 대안으로 떠오
르고 있었다. 은영이 할머니도 그 얘기를 듣고 솔깃해했다. 이미 몇 나
라를 거쳤지만 또 앞으로 몇 나라를 거쳐야 할지도 모르는 신세였다.
국제적인 유랑인 셈이다. 뭐가 어디서부터 잘못 됐는지 모르겠다고 말
하다 말고 창밖을 물끄러미 바라보는 은영이 할머니의 뒷모습이 바싹
말라 있었다.

선경이가 오랜만에 해가 났다고 호들갑을 떨며 방으로 들어왔다.
은영이와는 다른 아이였다. 불편할 법도 한데 선경이가 싹싹해서 할머
니는 고맙다고 했다. 선경이가 할머니에게 밖에 나가 바람이나 쐬자고
보챘다. 은영이는 빼꼼히 방문을 열어 보고는 이내 문을 닫았다.

선경이는 골목길을 벗어나자마자 은영이 할머니와 팔짱을 끼고 수
다를 떨기 시작했다. 여기는 어디고 저기는 뭐하는 곳이고…. 영국 생

활의 선배로서 알려줄 것이 많아 보였던 모양이다. 런던이긴 했지만 시내에서 기차로 한 시간 정도 떨어진 교외라 그런지 골목도 번화가도 모두 작고 아기자기했다. 분주함이라곤 찾아보기 힘든 유럽의 작은 시골 풍경 그대로였다. 뉴몰든의 중심가로 나가자 여러 상점들이 눈에 들어왔다. 선경이가 맥도널드에서 햄버거나 먹자고 할머니에게 말을 건넸다. 주문은 선경이가 했다. 제법 능숙한 영어였다. 수북이 쌓인 감자칩과 햄버거를 가져왔다. 그런데 은영이 할머니는 감자칩에는 손도 대지 않고 콜라와 햄버거만 우물거렸다. '나이가 들어서 감자칩을 싫어하시나' 속으로 생각하다가 햄버거를 씹으며 물어보았다. 은영이 할머니가 감자라면 치가 떨린다고 웃으며 말했다. 북에서 감자만 먹었다는 것이다.

"소금이 한 사발 생기면 감자 2kg과 바꿀 수 있어요. 2~3일 굶은 상태에서 감자를 세 알만 먹으면 체해요. 속이 답답하고 팔다리를 움직일 수도 없고 눈도 스르르 내려오지 귀에서 윙윙 소리 나지. 그러고는 너무 힘드니까 쓰러지는 거야. 그러면 빨리 소금을 한 줌 물려요. 소금을 물고 있으면 정신이 조금 들거든. 물 한 사발하고 그렇게 먹고 나면 정신이 들곤 했어. 나중에는 아예 감자만 봐도 머리에서 소리가 나는 거야. 그러니 감자칩 먹겠어요? 이거 먹으면 또 체할 것 같고. 감자가 물렸다기보다는 감자에 대한 원한이지. 배고플 때 감자를 워낙 힘들게 먹어서 지금은 감자가 씹기조차 어려워졌어. 솔직히 감자 반찬은 쳐다보기도 싫어요."

서로 다른 경험들은 서로 다른 기억들로 남는다. 다른 기억들을 직접 경험해보지 않은 사람이 이해하기란 쉽지 않다.

선경이와 취재진은 감자칩에 연신 손이 갔다. 소금이 적당히 뿌려져 짭짤한 것이 계속 당겼다. 하지만 그 작은 감자칩 하나에도 굶주리던 삶이 있었고 살기 위해 나라를 버린 고단함이 있었다.

슬픈 생일

고단한 삶을 살았던 이들은 그들끼리 뭉치기 마련이다. 그날 저녁도 그랬다. 영국에서 처음 만난 탈북자였던 김성국씨 집에 40이 갓 넘어 보이는 여성들이 하나둘 모이기 시작했다. 성국의 부인인 정유화의 생일이라고 했다. 누구 엄마라며 서로를 부르며 반기는 모습에서 또래 애엄마들의 살가움이 묻어났다. 달리 맡길 곳이 있을 리 없는 애들까지 모여 좁은 집이 북적댔다. 서로 콜라를 먹겠다고 달려드는 애들 사이로 주방에서는 전 부치는 소리며 튀기는 소리가 명절 같았다. 희성엄마와 진희엄마라 서로를 부르며 주방에서 복작이던 이들이 분주히 상을 차리기 시작했다. 금세 한 상이 가득 찼다.

음식을 만들면 몇 나라 음식이 되네요

상차림이 묘했다. 마트에서 산 것으로 보이는 커다란 케이크에 쿠키와 도너츠, 소다 음료들이 한쪽에 자리 잡고 그 옆으로 익숙한 잡채와 부침개가 쌓였다. 그리고는 만두였는데 우리가 흔히 보던 모양새가

정유화의 생일에 모인 런던의 탈북자들. 모이면 한 상 가득 음식을 차리는 습관이 있다.

아니었다. 중국식이라 했다. 희성엄마가 중국에서 숨어살 때 식당일을 했는데 그때 배웠다고 했다. 먹음직스럽게 김을 뿜고 있는 만두 옆으로는 고춧가루로 버무린 생선이 보였다. 가자미식혜였다. 대게 탈북자들은 함경도 출신들이 많았다. 기근이야 북한 전역이 같았다지만 함경도는 특히 더했다고 한다. 원래도 곡식이 귀한 고장이다. 이른바 고난의 행군이라 불렸던 1990년대 말 함경도 일대는 무정부 상태였다고 그들이 입을 모았다. 앉아서 굶어죽느니 강이라도 넘어보겠다며 두만강으로 몰려든 사람들이 지금 우리가 알고 있는 탈북의 시작이었다. 가자미식혜는 그 함경도의 음식인 것이다.

"한국 음식도, 북한 음식도, 중국 음식도 아니고. 영국에 오니까 영국 음식 소스를 많이 쓰게 되잖아요. 음식을 만들면 몇 나라 음식이 되네요."

진희엄마가 묻지도 않았는데 배시시 웃으며 말꼬리를 흐렸다. 아이들이 부산스럽게 상을 한번 훑었다. 자기들끼리 낄낄대며 다른 방으로 몰려갔고, 상에 흩어진 음식은 엄마들 차지였다. 생일상이라고 술이 한잔씩 돌았다. 금세 희성엄마 볼이 발그레해졌다. 너무 많이 차리신 것 아니냐고 묻자 진희엄마가 웃으며 받았다.

"우리도 그만 해야지 싶은데 자꾸 하게 돼. 그저 좀 가득해야 한다는 생각이 있나봐요. 그런데 이렇게 차려놓고는 막상 먹으려면 힘들어요. 부모 형제들이 모두 모여 같이 먹으면 좋을 텐데…. 여기서 조국까지 파이프가 있어서 매일 만들어 파이프를 통해 보냈으면 할 때도 있어요."

먹어야 산다는 단순한 명제를 삶으로 겪은 이들이었다. 자연스럽게 먹기가 힘들었던 때의 얘기가 터져나왔다.

"옥수수 아시죠. 옥수수 송치 있잖아요. 그거 갈아 먹어봤어요? 세상에 못 먹을 게 그거거든요. 짐승도 안 먹어요. 근데 우리는 그걸 먹었어요. 우리가. 그러니까 산에 가면 소나무가 성한 게 없어요. 껍질을 다 벗겨가지고… 그 껍질을 벗겨서 원래 물에 불려서 먹어야 되는데, 그래야 독성분이 없는데, 배를 빨리 채워야 해서, 죽기 싫어서, 그냥 먹었어. 어떤 사람들은 벼뿌리 파서 그거 씻은 다음 말려서 가루내서 먹기도 했는데 그 정도면 고급인 거야."

"밭에 강냉이 이삭이 무성한 것들 아무도 따가지 않은 그런 것들이 있어요. 군인들이 보초를 서고 있어요. 강냉이 몰래 따가는 사람들한테 총질을 하는 거지. 군인들 눈 피해 몰래 숨어서 강냉이를 따러 가는데 걸리면 어쩌나 싶어서 분 바르고 입술 바르고 곱게 치마 입고 들어갔

정유화가 북한에 있을 때의 가족사진.
김정일의 선물 상자를 받던 날 찍었다.

어. 혹시 잡히면 길 잃어버렸다고 하려고."

그렇게 강냉이를 따던 정유화에게도 좋은 시절은 있었다. 몰래 강냉이 따던 얘기를 하다가 갑자기 지갑을 꺼내더니 낡은 흑백 사진을 한 장 꺼냈다. 어릴 적 가족사진이었다. 선물이라고 굵게 써진 상자를 가운데 두고 가족 여럿이 모여 있었다. 김정일이 당 간부였던 아버지에게 준 선물 상자였다. 그때 기억이 아직 생생했다. 술이 큰 것으로 한 병에 통조림이 여러 개. 그리고 귤이 한 상자였다. 장군님께서 내린 선물 상자라고 마을에서 화제였는데 귤은 다들 처음 보는 과일이었다.

"동네에서 처음이라 귀했죠. 술은 한 잔씩 동네 사람들에게 다 돌리고. 귤도 한 개씩 다 돌렸어요. 그림이나 사진에서 봤지만 처음 보는 귤이라 만져보고 맛을 보면서 모두 희한해했어요."

사진 속의 어린 유화는 아버지 손을 잡고 환하게 웃고 있었다. 길주는 작지만 부족하지 않은 곳이었다. 어랑천이 흘러 함경도에서 드물게 평야가 있었다. 길주를 둘러싼 크고 작은 산에서 나오는 목재로 일찍부터 종이공장들이 많았다. 그 목재관리소의 성과를 인정받아 김정일로부터 선물 상자도 받았고 당의 일도 한다는 자부심이 컸던 가족이었다. 하지만 삶이 무너지는 것은 한 순간이었다.

고난의 행군, 탈북의 시작

"수령님 돌아가시고부터였던 거 같은데…."

말 그대로 고난의 행군이었다. 배급이 주는가 싶더니 이내 끊겼다. 하나둘 사람들이 사라졌다. 공장이 비더니 학교도 비었다. 텅 빈 학교를 고집스레 지키던 선생들도 하나둘 주린 배를 움켜쥐고 중얼거리며 떠났다. 장군님 믿고 사회주의 지켜야 한다던 충성스러운 당원들이 제일 먼저 굶주렸다. 그나마 뭐가 됐든 식량문제를 해결해보겠다고 마을을 떠난 이들의 가족들은 근근이 배를 채웠다. 그것도 오래가지는 못했다. 굶어죽는 사람이 있다는 소문은 윗동네 아랫동네 얘기가 되는가 싶더니 동무들의 일이 되었고 가족의 일로 다가왔다. 배급 체계가 무너진 곳엔 당도 조국도 없었다. 당은 굶다 못해 눈이 뒤집힌 인민들에게 식량 대신 총구를 겨눴다.

"소를 잡아먹은 분을 총살하는 집행이 있었어요. 제가 19살 때 그 장면을 봤어요. 뇌부터 쏘거든요. 뇌를 쏘니까 하얀 게 막 뿌려지던 그 모습이 지금도 눈에 선해요."

함흥 이북의 함경북도가 특히 심했다. 그나마 없는 자원을 평양 인근으로 집중시키면서 지방 특히 양강도, 자강도, 함경북도는 굶어죽은 사람들과 곧 굶어죽을 사람들로 가득 찬 생지옥이 됐다.

"친구 한 명이 있었는데. 걔가 애를 낳았거든요. 소문을 듣고 한 달쯤 지나 찾아갔는데 애가 없는 거예요. 너 애 낳았다고 소문 다 듣고 아는데 어디 갔냐 하니까 막 눈물 글썽해서 말하는 거예요. 20일 만에 죽었다는 거지. 먹지 못해서. 애엄마가 먹어야 젖이 나올 텐데 먹지 못해서 젖이 안 나온 거지. 그렇게 애는 빼빼 말라 죽고 이후로 애엄마는 다시 보지 못했어요."

친한 친구였다. 하지만 굶다 못해 애까지 죽인 모성은 온전하지 못했다. 그 집도 다시 가보지 못했다고 했다. 마지막으로 봤을 때 친구는 힘없이 누워 있었다. 통통하던 볼은 푹 꺼져 간데없었다. 눈물이 흐르다 못해 말라붙어 거무죽죽한 자국이 얼굴에 선명했다.

"전 세계적으로 사람 잡아먹었다는 건 북한사람 하나일 거야. 한국사람들, 이 말하면 믿지 않아. 내 친구 지은이엄마 오빠도 2살짜리 아이가 강아지로 보이더래. 너무 배가 고프니까. 열흘을 굶고 나니까 강아지인가해서 도끼로 아이를 내려쳤다는 거지. 그러고 나서 정신 차리고 울며불며 했다는데 그게 무슨 소용이야."

수북이 쌓인 음식 위로 믿기 어려운 이야기들이 흘러갔다. 발그레했던 그녀들의 볼이 더 짙은 색으로 변해갔다. 아이들이 천진하게 여기저기 퍼먹긴 했어도 촛불을 꽂을 만큼은 케이크가 남아 있었다. 불을 붙이고 입을 한데 모아 불었다. 촛불과 거실등이 비친 유화의 피부는 고생의 흔적을 좀처럼 찾기 힘들 정도로 고왔다. 굶어죽는 사람이 넘쳐나자 유화네 가족은 모여서 회의를 했다. 아버지는 당원인 자신은 남아야 하지만 유화는 강을 넘는 것이 좋겠다고 했다. 생각지도 못했던 말이었다. 어떻게 장군님을 버릴 수 있겠냐고 울먹이며 아무리 힘들어도 사회주의는 지켜야 한다고 악을 썼지만 부모의 뜻은 완강했다.

애지중지 키운 외동딸이었다. 간호원으로 복무하기 위해 고등교육을 받아야 한다고 귀에 인이 박힐 정도로 되새겼었다. 기대를 저버리지 않고 유화는 함흥의 대학교로 진학이 결정된 상태였다. 하지만 아버지는 살기위해 두만강을 넘어야 한다고 말했다. 장군님께서 주신 선물상자를 받던 날 찍은 가족사진을 간직한 채 집을 나섰다. 그렇게 떠난 유화는 지금껏 부모의 소식을 듣지 못했다. 한국으로 들어온 후 돈을 모아 고향 소식을 탐문해 보았지만 길주 일대는 북한의 핵실험으로 군대의 통제가 삼엄해 브로커들의 접근이 쉽지 않은 곳이 되었다.

"그래도 이 사진 덕분에…."

눈물이 한 방울 툭 떨어졌다. 강을 넘을 때 죽을힘을 다해 움켜쥐었던 사진 한 장이 결국 영국으로 오는 데 결정적인 역할을 했다. 난민청은 북한에서 찍은 사진 한 장을 보고 바로 난민비자를 내줬다. 국경을 넘을 때 공민증 하나 챙기기 힘든 현실에서 북에서 찍은 사진 한 장은 강력한 증거가 됐다. 한국을 뜨던 영국행 비행기에서도 내내 만지작거려 사진 한 귀퉁이가 흐물거렸다. 들어오기는 힘들었지만 떠나기는 쉬웠다. 한국 이야기였다.

"북에서 그렇게 살았어도 그래도 꿈을 갖고 살았는데 한국이라고 그냥 막 살기는 싫더라구요. 그런데 기껏 해봐야 식당일이고, 그게 제 몸에 맞지 않았던 것 같아요."

쉽지 않았던 한국 생활. 중국에서는 생존이 문제였지만 한국에서의 삶도 녹록치 않았다. 같은 탈북 청년을 만나 결혼을 하고 아이를 낳자 잠 못 이루는 밤이 많아졌다.

"새터민이라고 부르잖아요. 그런데 새로 터 닦기가 하늘의 별따기인 거죠."

'내 자식 위해 날 포기하더라도' 라는 심정으로 영국행 항공권을 사던 날 유화는 부모님 생각에 밤새 소리 내어 울었다. 왜 그렇게 눈물이 흘렀는지 몰랐다고 했다. 딸에게 살아야 한다고 손을 내젓던 아버지의 마지막 얼굴이 함께 흘렀다. 눈물은 전염이다. 먹을 것이 부족하던 시절을 웃으며 얘기하던 진희엄마와 희성엄마의 눈도 붉어졌다. 언제 죽을지 모른다는 짐을 어깨에 짊어졌던 이들이다. 유화만한 사연이 없을 리 없었다. 이야기를 속으로 사그라뜨리고 있을 뿐이었다. 희성엄마가 유화의 눈물을 닦았다. 아직도 하얀 차만 보면 중국 공안차가 생각 나 가슴이 덜컥한다던 이였다.

"지금도 꿈에서 북한 꿈 안 꾸니. 난 왜 그렇게 조국 꿈을 꾸니. 내가 다시 중국으로 가야되는데 왜 여기 왔지 하고 눈 뜨면 아니야. 그럼 후~ 하고서… 그 다음엔 왜 이렇게 한숨이 나는가."

참았던 그들의 깊은 한숨이 보였다. 상에 가득한 음식이 무색해졌다.

난민의 이름을 얻다

거리는 전 세계 사람들로 넘쳐났다. 런던이야 글로벌화된 지 이미 오래지만 이 거리는 더했다. 북아프리카에서 온 흑인들이 주로 살았다. 주로 노동일을 하며 사는 사람들이 모여 있어서인지 거리는 묘하게 음침했다. 점심을 해결하기 위해 들어간 펍은 텅 비어 적막감이 흘렀다. 콩조림과 으깬감자를 시켰는데 언제 만든 건지 다 식은 것을 내왔다. 난민청은 이 거리에 있었다. 문을 열고 들어가자 스무 개는 넘어 보이는 각국의 인사말들이 눈에 들어왔다. 한쪽에 "환영합니다."라고 써진 한글 푯말을 어렵지 않게 찾을 수 있었다.

1951년 난민의 지위에 관한 국제 협약이 체결됐다. "인종, 종교, 국적 또는 특정 사회집단의 구성원 신분 또는 정치적 견해 등을 이유로 박해를 받을 우려가 있다는 충분한 근거 있는 공포로 인하여 자신의 국적국 밖에 있는 자로서, 국적국의 보호를 받을 수 없거나 또는 그러한 공포로 인하여 국적국의 보호를 받는 것을 원하지 아니하는 자"로 정의된 난민은 지금 세계적으로 수천만 명에 이를 것으로 추정된다. 주로 국가 간의 전쟁이나 내전에 의해 발생한다. 미국과 전쟁을 치른 이라크와 아프가니스탄은 물론 북아프리카와 서남아시아, 발칸 반도 일대가 대표적이라고 UN 난민고등판무관실이 밝힌 바 있다. 주로 분쟁지역 인근의 난민수용소에 터를 잡지만 유럽이나 미국행을 선택하는 사람들도 줄지 않고 있다. 선진국의 복지시스템이 난민으로 인정받으면 최소한의 생계를 보장해줄 것이라는 믿음 때문이다. 실제 예전 식민지에서 몰려드는 난민 신청자들을 유럽 각국은 정치적, 인도적 이유로 쉽게 내치지 못하고 있었다. 그리고 그 한 귀퉁이에 노스코리안이 있었다.

난민에 대한 조사 및 통계자료는 보통 공개되지 않는다. 여러 이유가 있겠지만 공개해봐야 본전도 건지기 힘들 거란 짐작이 어렵지 않았다. 어렵게 북한 출신의 난민을 담당하는 직원을 만나 대화를 나눴다.

2000년대 초부터 조금씩 늘던 북한 출신 난민들은 2007년에 정점을 찍었다고 했다. 2007년 한 해에만 영국에 망명을 신청한 탈북자들이 415명이었고 그중에 20~30%가 난민 지위를 얻었다고 서류를 뒤적이던 직원이 말했다. 북한 출신인지를 가리기 위해 정밀한 심사를 한다며 인터뷰 룸으로 안내했다. 단출했다. 콜센터와 흡사했다. 플라스틱으로 만든 간이벽으로 나눠놓은 공간에 책상과 의자가 묵직했다. 간이벽에는 "우리는 난민을 보호합니다. 인권…" 어쩌고 영어로 쓰인 포스터가 붙어있었다. 포스터를 읽고 해석할 수 있는 탈북자가 몇이 있을까? 포스터 속 여러 국적의 아이들은 웃고 있었다.

안경 너머로 의심 가득한 눈을 한 심사관이 서류와 탈북자를 번갈아 쳐다보며 질문을 하고 있다. 어투는 정중하지만 단호하다. 알아들을 리 없는 탈북자는 심사관 옆의 통역을 반사적으로 쳐다본다. 무심하게 기계적으로 통역하는 이도 있었고 안타까운 눈빛으로 무언가 말을 건네며 언어를 옮기는 이도 있었다.

"김정일 장군의 노래, 주체사상 10대원칙, 김일성의 가계도…."

통역의 입에선 검증을 위한 단어들이 기계적으로 반복됐다. 일부는 브로커들로부터 교육을 받아 완벽하게 외운 것을 읊었다. 하지만 물정 모르는 일부는 떠난 지 오래돼 가물거리는 기억에 발을 굴렀다.

박상연씨를 만났다. 난민청의 심사에는 통역이 필요하다. 통역은 한인들이 했다. 주로 유학생이나 현지에서 통번역 회사를 운영하는 이들이 부업삼아 했다. 박상연씨는 특이한 경우였다. 한국에서 탈북 청소년 대안학교 교사로 일한 경험이 있었다. 공부를 더 하기 위해 찾은 영국에서 그녀는 한국에서 가르치던 학생과 우연히 연락이 닿았다. 속사정을 알고 있기 때문에 심사에서 어려움에 처한 탈북자들과 현지 한인교회를 연결시켜주는 일도 자처했다.

"정말 많이 왔어요. 처음에는 금요일 한 번 가다가 그 다음엔 일주일에 두 번도 가고 세 번도 가고. 아침 10시부터 4시까지 한 번도 쉬지 않고 계속 통역해야 될 정도로 사람이 많은 적도 있어요."

심사가 끝난 후 결정이 나오기까지 기다리는 것은 지루한 시간이었다. 난민 신청자들은 지방으로 나누어 분산 수용됐다. 공동주택에 수용되었고 이동의 자유는 없었다.

"몇 번 가봤는데 굉장히 열악해요. 방 한 칸이 다인데 요즘 한 칸이라면 얼마나 될지 모르지만 이불 깔고 옆에 우리나라 개인 이불 두 개 정도도 더 깔 정도. 화장실 하나를 서너 명, 많으면 여섯 명이 쓰는 경우도 많고. 지내기에 편한 조건은 아니죠."

수년 전부터 경제위기가 유럽대륙을 덮치면서 난민에 대한 눈길도 점차 사시가 되어갔다. 탈북자를 수용한 다른 도시의 주택이 언론에 공개된 적이 있었다. 깨진 창문 사이로는 바람이 들어왔다. 화면에 비친 음식은 거칠었다. 녹슨 침대 다리는 위태로워 보였다. 구타와 고문으로 가득한 북에 비할 바는 아니었지만, 그곳도 수용소이긴 했다. 고립과 불안이 익숙한 이들이었지만 영국은 다른 의미로 낯설었다. 몇날이 가고 몇 달을 세다가 비자가 나온 이들이 먼저 떠났다. 비자가 거절되거나 기다림에 지친 이들도 뒤를 따라 허겁지겁 떠났다. 곧 다른이들로 수용소는 다시 가득 찼다.

벨기에에서 만난 탈북자들

·
·
·

날이 맑았다. 지구 온난화로 덕본 나라가 영국이라고 누가 말했다. 런던 하면 떠오르던 비와 안개, 음습함은 찾기 힘들었다. 취재 기간 내내 날이 맑았다. 맑은 만큼 차고 시리기도 했다. 언 손을 비벼가며 성국이 차에 짐을 실었다. 라면 한 박스와 소주 몇 병이 눈에 확 들어왔다. 한국 마트에 가서 샀다고 했다.

"이거 보면 환장할 겁니다."

그가 씩 웃었다. 수첩을 꺼내 주소를 확인하더니 내비게이션을 꾹꾹 눌러가며 입력했다. 행선지는 벨기에 브뤼셀이었다. 기왕에 찾은 유럽. 혹 영국 말고 다른 나라로 망명한 탈북자들과 연락이 닿느냐고 물었다. 생사를 넘나든 사람들이라 그 커뮤니티는 폐쇄성이 강한 만큼

소문도 깊고 빠른 특징이 있다. 김성국은 바로 벨기에를 말했다.

"커뮤니티 안에서 얘기되기론 우리 사람들이 대략 200분 정도가 벨기에에 있다고 해요. 아직 모두 망명 허가를 얻은 것은 아니고 기다리고 있는 사람까지 해서 그 정도 있는 것으로 들었습니다."

술자리 옆에 있던 길호아빠 입에서는 전 유럽의 국가들이 튀어 나왔다.

"그러니까 프랑스, 네덜란드, 벨기에, 슬로바키아, 독일 그리고 스웨덴도 좀 많이 가 계시더라구요. 노르웨이는 안 들어간 것 같고."

스스로 브로커가 된 탈북자들

영국 정부의 난민비자 심사는 2009년을 기점으로 까다로워졌다. 한국으로 가라는 통보도 심심치 않게 나왔다. 소문은 빨랐다. 영국행을 준비하던 탈북자들은 유럽의 다른 나라로 눈을 돌렸다. 이미 몇몇 나라에 수년 전부터 가있던 탈북자들이 브로커 역할을 하기도 했다. 브로커에게 돈을 주고 넘어온 탈북자들은 마땅한 일자리가 없으면 스스로 브로커가 되었다. 한국에 있는 탈북자들에게 전화 몇 통으로 시작하면 되는 쉬운 일이었다. 구분은 모호했다. 난민을 신청하는 탈북자들은 그렇게 전 유럽으로 퍼져 나갔다.

그들 중 김성국과 한국에서 친하게 지내던 한 탈북자가 벨기에에 있다며 연락이 닿았다.

"근데 이 형이 웃기는 게, 참."

김성국의 입꼬리가 어이없다는 웃음과 함께 보일락 말락 올라갔다.

"원래 프랑스로 간다고 했는데 도착해 보니 벨기엔 거야. 어디에 도착하는지 모르는 상황이 있을 수도 있는 거지. 프랑스인지 벨기에인지 뭐 알 수가 있나. 파리공항에 내렸는데 마중 나온 브로커가 일이 좀 꼬였다면서 차로 몇 시간을 가더래. 그러더니 여기가 이민청이라면서 떠밀더라는 거지. 들어가야지 별 수 있나. 돈 받은 브로커는 그 후로 코빼기도 볼 수 없었고. 이 형이 웃기는 게 그래도 프랑스로 간다고 난민이라고 불어로 쓴 종이를 주머니에 갖고 왔는데, 그거 보여주고 손짓발짓 해가면서 나 노스코리아에서 왔다고 말했는데, 나중에 통역이 그러더래. 여기 벨기에 수도 브뤼셀이라고."

말하던 김성국도 킥킥 댔다. 무슨 사연이 있었는지는 아직도 모른다고 했다. 몇 달 전에 성국은 물어물어 벨기에를 찾은 적이 있다. 그때는 만나지 못했다고 했다. 취재진이 주유비와 숙박비를 대는 조건으로 한번 가보는 것이 어떻겠냐고 제안한 것이 며칠 전이다. 그러자 이삼 일 전화를 돌리던 성국이 제일 먼저 챙긴 것은 라면과 소주였다. 간단한 짐까지 모두 챙겨 싣고 출발했다. 성국과 길호아빠가 번갈아 가며 운전대를 잡았다. 운전대에는 벤츠 로고가 선명했다. "차, 좋네요."라는 취재진의 한마디에 성국은 가속 페달을 힘차게 밟았다. 십 수만 킬로미터는 탄 중고 벤츠였다. 유럽에서는 흔하고 싼 차였다. 그래도 탈북자와 벤츠의 조합이 묘했다.

두세 시간을 달리자 영국과 유럽을 잇는 해저터널이 나왔다. 프랑스땅을 지나 벨기에로 접어든 것은 내비게이션의 음성으로 알 수 있었다. 국경을 넘나드는 것이 어렵지 않았다. 어느새 해가 졌다. 모니터의 빨간 선을 충실히 따라가 보니 출발할 때 입력한 브뤼셀의 호텔이다. 준비해온 도시락을 호텔방에서 먹었다. 충실했다. 계란부침에 고기볶음과 멸치까지 어디 부럽지 않았다. 챙겨온 소주를 한 병 꺼냈고 "북한 여자들이 남자들에게 잘 한다"는 식의 대화를 나눴다.

호텔을 일부러 이민청 가까이로 잡았다. 해가 뜨자마자 호텔을 나섰다. 지도를 펴고 방향을 잡은 후 걸었다. 십 분쯤 걷자 어느 건물 입구에 길게 늘어선 줄이 보였다. 난민을 신청하러 온 사람들이었다. 아침부터 줄을 서고 순서를 기다렸다. 혼자 고개를 떨구고 있는 사람도 있었고 아이들 손을 꼭 잡고 있는 사람도 있었다. 표정들이 다양했다. 하얀 이를 드러내고 웃으며 어딘가 통화를 하는가 하면 멍한 표정으로 돌부처 마냥 굳어있는 사람도 있었다. 공통점은 눈을 안 마주친다는 것 정도. 서 있는 사람 중 누구와도 눈을 마주칠 수 없었다. 이날 줄지어 있던 사람들은 거의 흑인들과 중동에서 온 것으로 보이는 무슬림들이었다. 동양계를 찾아 훑었으나 없었다. 혹여라도 탈북자가 있을까 해서 찾아왔는데 무위로 돌아간 셈이다. 제법 쌀쌀한 아침 공기에 옷깃을 세우고 두어 시간 기다려 봤으나 같은 피부색은 보이지 않았다. 성국과 길호아빠는 기다리는 동안 별다른 말이 없었다.

저녁에 다시 런던으로 출발해야 하는 짧은 일정이었다. 아홉 시에 호텔을 다시 나왔다. 성국이 적어온 메모대로 다시 내비게이션에 입력하고 출발했다. 차창 밖으로 보이는 브뤼셀은 런던과는 느낌이 또 달랐다. 작고 오밀조밀했다. 전차를 기다리는 사람들의 피부는 여러 색이 섞여 있었고 역 앞에는 중국어 간판이 적지 않았다. 난민들이 몸을 의탁하기에 어울리는 도시라는 생각이 들었다. 얼마 걸리진 않았다. 브뤼셀은 큰 도시가 아니었다. 정해진 주소로 차를 몰아 주차할 곳을 찾아 헤맸다. 그런데 문제가 생겼다. 성국이 고개를 갸우뚱 거리더니 이내 내려서 어디론가 통화를 했다.

"그래 경찰서가 있어야 하는데 사방을 둘러봐도 없어."

소리치는 소리가 들렸다. 함께 찾아보기로 했다. 적어온 주소를 휴대폰 카메라로 찍고 1시간 후에 만나기로 하고 두 패로 나눠 찾았다. 물어물어 찾아야 했으나 영어가 잘 통하지 않아 애를 먹었다. 전차를 기다리고 있는 사람들에게 주소를 보여줬으나 모두 고개를 갸우뚱했다. 성국은 계속 전화를 해대며 길을 물었지만 결정적으로 그도 이곳을 몰랐다. 역 옆에 경찰서가 있고 경찰서 옆에 푸른색 3층 건물이 있

벨기에 브뤼셀에 있는 동료 탈북자를 찾기 위해 길을 물어보는 김성국.

다는 말만 반복했다. 하지만 경찰서 옆에는 푸른색 건물이 없었다. 그들이 시내 지리를 알 리 없었다. 이렇게 그냥 가야 하나 하는 생각에 성국의 얼굴은 일그러졌고 취재진은 초조해졌다. 다른 패로 나뉘어서 찾던 길호아빠가 경찰서가 여러 군데라는 얘기를 했다. 휴대폰의 구글맵으로 역 주변의 모든 경찰서를 검색해서 하나하나 가보았다. 그리고 점심을 훌쩍 넘긴 시간. 푸르고 허름한 건물을 찾을 수 있었다. 3층이었다. 건물 앞에서 전화를 했다. 2층에 거리로 난 창문이 빼꼼히 열렸다. 성국이 신나서 손을 흔들었다. 굵은 검은 테 안경을 한 중년 남자의 얼굴이 반쯤 보였다. 벨기에로 흘러 들어온 또 다른 탈북난민을 만나는 순간이었다.

행복은 오래 가지 않았다

계단이 몹시 비좁았다. 등도 없었다. 거리는 훤했지만 삐거덕대는 소리로 손을 더듬어가며 계단을 올라야 했다. 두드리자 문이 열렸다.

"형님." "야, 이 자식."

악수를 하는가 싶더니 성국과 중년남자가 격하게 서로를 얼싸 않았다. 하지만 반가움이 끝나자 경계가 시작됐다. 성국은 취재팀이 동행한다는 얘기를 하지 않았다. 이름을 정준이라고 밝힌 중년남자는 KBS라는 말을 듣자 표정이 굳어졌다.

"멀리서 왔으니 일단 들어는 오는데, 카메라는 켜지 말고."

조심하는 기색이 말투에서 확실히 느껴졌다. 현관에는 신발이 어지럽게 흩어져 있었다. 혼자 있는 것이 아니었다. 집에 들어서자 굳은 표정으로 카메라를 쏘아보는 사람들이 여럿 보였다. 20대로 보이는 남자가 4명이었다. 성국이 정준과 함께 그들에게 뭐라 뭐라 한참을 설명하는 동안 그냥 서 있을 수밖에 없었다. 집은 방 하나와 화장실 하나였다. 방이 제법 컸다. 방 한쪽엔 커튼이 쳐져 있었고 커튼 너머로 낡은 침대가 하나 있었다. 침대 옆으로 희미하게 볕이 들었다. 유일한 빛이었다.

촬영을 하지 않는 조건으로 그들을 지켜보기로 했다. 함께 살고 있는 이들끼리는 서로 한국에서부터 잘 알고 있는 듯 보였다. 앞서거니 뒤서거니 하며 한국에 들어왔고, 하나원에서 같이 있었던 이들도 있었다.

탈북자들은 한국에 입국하면 합동신문센터에서 조사를 받고 하나원에서 남한 사회에 적응하기 위한 교육을 받는다. 이때 하나원에 함께 있었던 이들 중 사회에 나와서도 끈끈한 관계를 갖는 경우가 많다. 벨기에 브뤼셀 낯선 집에 함께 있는 이들도 그랬다. 정준이라고 자신을 소개한 남자는 성이 윤이라 했다. 윤정준. 별 의미는 없었다. 분명 다섯 번째쯤 갖은 이름일 것이다. 누구도 본명을 캐묻지 않았다. 방에 있었던 탈북자들 중 유일하게 마흔이 넘어 보였다. 그들의 큰형 노릇을 하고 있는 것이 뭔가 사연이 있어보였지만 구태여 묻지는 않았다.

사내들은 갑갑해보였다. 구경삼아 거리를 쏘다녀볼 법했지만 필요한 생필품을 사기 위해 외출하는 것 외에는 일절 나가지 않는다고 했다. 길게는 몇 년을 쫓겨 다니며 숨어살던 이들이라 그런 생활이 익숙했다. 연신 담배를 피워댔다. 창을 열고 불을 붙이긴 했지만 방안이 매캐했다.

"담배를 많이 피우시네요."

"없을 때 피워야 해요."

누가 없을 때 피워야 하는 건지에 대한 답은 곧 알 수 있었다. 얼마 지나지 않아 문이 열리고 배가 제법 부른 젊은 여자와 남편으로 보이는 사내가 빵과 우유, 당근과 찬거리가 담긴 봉투를 들고 들어왔다. 유일한 여자였다. 부른 배로 5명의 사내가 먹을 밥이며 반찬을 책임진 듯 보였다. 여자는 고왔다. 가끔 가쁜 숨을 몰아쉬는데 벌써 7개월이라고 했다. 이곳에는 두 달 전, 그러니까 임신 5개월 때 왔다. 남편과 함께 강을 넘었다.

찬거리를 정리하고 있는 남편은 북한 남자로는 드물게 살가워 보였다. 둘은 북에서도 알던 사이였고, 여러 가족과 함께 강을 넘었다. 남자의 삼촌이 한국에 있다고 했다. 이미 북에서 중국 생활과 한국 입국을 준비해왔기 때문에 특별한 어려움 없이 바로 브로커를 통해 한국으로 입국했다. 그리고 조국을 등진 남녀는 살림을 차렸다. 모든 것이 잘 풀리는 듯했다.

남자는 책임감도 강했다. 북에서 해군 하사관이었다. 15년을 군대에서 복무했을 만큼 강인하고 다부져 보였다. 어쩔 수 없이 강을 넘어야 했다고 말을 흐렸다. 남쪽으로 넘어와서도 흔들리지 않으려고 애썼다. 전기 기술을 배웠고 취직도 했다. 아이도 가졌다.

"회사에서도 나름 성실하다고 평가받았고 저는 그래도 잘 정착한 케이스였어요."

하지만 악몽이 시작됐다. 어느 날 친누이처럼 지내던 탈북자가 급하게 얼마간의 돈을 빌려야 하는데 보증이 필요하다며 찾아왔다. 아내의 임신 소식을 누구보다 축하해주던 여자였다. 국경을 넘고 정착하는데 별다른 고생이 없었던 탓이었는지 의심이 적었다. 사인해달라는 대로 볼펜을 죽죽 그어주고 도장을 찍어주었다. 그리고 여자의 소식은 끊어졌다. 캐나다로 갔다는 사람도 있고 미국으로 갔다는 사람도 있었다. 아내가 울며불며 하는 사이 캐피탈 회사의 전화가 잦아졌다. 회사의 월급 통장에 손을 댈 수밖에 없다는 전화를 받던 날 그는 미련 없이 한국을 뜨기로 결정했다.

"그래도 내가요 어디서든 잘 살아보려는 맘이 강했는데…."

살림을 정리하고 그 역시 남 몰래 신용대출을 받았다. 어떻게든 적응하려면 목돈이 필요했다. 브로커를 구하는 것은 어렵지 않았다. 바로 캐나다행 비행기를 탔다. 문제는 입국하면서 생겼다. 긴장한 아내가 왜 왔냐는 세관의 질문에 난민이라고 한 것이다. '입국할 때는 관광, 이민청에 가서는 난민', 이렇게 외웠지만 부른 배에 속도 미식거렸고, 얼결에 난민이라고 대답한 것이다. 일이 커졌다. 세관은 바로 부부를 격리하고 심사관과 통역을 불렀다. 아내의 짐 속에서 휴대폰이 나왔다. 휴대폰 문자 메시지에는 브로커와 오간 문자들이 그대로 남아 있었다. 캐나다인들이 통역에게 무엇이냐고 문자를 하나하나 캐물었다. 통역은 무심한 표정으로 기계적으로 정확하게 옮겼다.

"아 통역하던 그 놈아가 정말 원망스럽더라고. 사정 뻔히 알 텐데."

브뤼셀의 허름한 숙소에서 만난 탈북자들.

관용은 없었다. 한국에서 온 것이 명확했다. 바로 한국으로 추방당했다. 인천공항에 도착한 부부는 막막했다. 방법이 없었다. 며칠 후에 다시 유럽행 비행기를 탔다. 여자의 임신을 알고 있던 남한 지인들에게 돈을 빌렸다. 유럽으로 간다는 말을 안했으니 갚을 기약도 없이 빌린 돈이었다. 그렇게 쫓기듯 다급하게 한국을 다시 떴다.

커튼 너머의 낡은 침대는 아이를 가진 여자의 차지였다. 하나뿐인 여자에 애까지 섰다고 해준 배려였다. 삶이 극적으로 변하는 데는 채 반년이 걸리지 않았다.

성국과 정준이 "캬" 하는 소리와 함께 커다란 냄비에 라면을 한 솥 끓여 내왔다. 길호아빠가 소주를 한 병 땄다. 근처 아시아 마트가 있긴 했지만 한국 라면은 없었고 한국 소주는 비쌌다. 브뤼셀에서 맛보기 힘든 만찬이었다. 몰려든 젊은 사내들이 소리를 내며 국물을 마셨다.

제1장 _ 유럽 대륙의 탈북자들

"무가 있어야 하는데."

정준이 중얼거렸다. 북에 있을 때 수확한 겨울 무를 황토에 그냥 넣어뒀다가 먹었다고 했다. 무를 꺼내면 황토물이 벌겋게 드는데 썰어서 깍두기처럼 먹은 모양이었다. 사각거리고 아리는 맛이 생각난다고 했다. 그도 함경도 출신이었다. 곡식은 귀했고 조밥 정도 먹을 수 있었다. 조밥에 황토무, 소금국이 그의 기억에 남아있는 밥과 찬이었다. 싹싹 비운 냄비를 앞에 두고 누구랄 것 없이 몸이 노곤해졌다. 다시 이런저런 취재의 목적을 설명했다. 완강하게 거절만 하던 그가 성국의 얼굴을 봐 몇 마디만 하겠다며 카메라를 허락했다. 안경을 꺼내고 모자를 푹 눌러썼다.

책상이라고 부르기도 민망한 판자 더미에 책이 한 권 놓여 있었다.

"여기가 네덜란드어를 쓰더라구. 와 이거 때문에 죽겠어."

망명을 신청하는 난민들에게 네덜란드어 강습 시간이 있다고 했다. 그는 넘어온 지 몇 달쯤 됐다고 했다. 하지만 2차 인터뷰까지 했는데 결과는 아직 감감 무소식이었다.

"1차 인터뷰까지 한 열흘 정도 걸리고 1차 인터뷰 끝나고 나서 한두 달 내지는 3개월 정도 기다리면 2차 인터뷰가 나와. 2차 인터뷰 끝나고 나서 '보조티프'라고 하면 그게 승인이고 '메가티프'라고 하면 승인 안 된다는 거지. 그걸 기다리고 있는 거지."

아마 긍정이라는 뜻의 영어 포지티브와 부정이라는 뜻의 네거티브의 네덜란드 말인가 싶었다. 보조티프와 메가티프. 서류에 어떤 도장이 찍히는가를 기다리는 몇 달은 고통보다는 지루함이었다. 긴장도 없고 담담하다고 했다.

정준은 북에서도 험한 일을 했다. 탈북자를 포함해 조국의 법을 어긴 사람들이 끌려와 노동을 하는 노동단련대에 있었다고 했다. 그는 갇힌 사람들에게는 저승사자가 따로 없을 사람이었다. 주먹을 보여주는데 튀어나와 있어야 할 손마디가 뭉툭했다. 하루에 천 번씩 주먹으로 나무를 치는 훈련을 하다 보니 그렇게 됐다고 했다. 우린 주먹만 보면 다 알아. 저 놈이 일반 군관인지 보위부나 단련대 소속인지. 주먹을 만지작거리며 나직이 말했다. 하루아침에 상황이 바뀌고 쫓기는 신세가 되자 바로 강을 넘었다.

"돈을 좀 먹었는데 그게 문제가 됐어."

국경지역 단련대라 뇌물이 흔했다. 다들 나누어 먹던 것이 탈이 났다. 급하게 도망치느라 제대로 챙기지도 못한 것이 아깝다고 허허 거렸다. 손목에 시계만 여러 개를 차고 산을 넘었다. 돈이 될 거라는 요량이었다.

"그런데 브로커 이놈들이 진짜 독하더라구."

그도 단련대에서 성깔 있는 축에 들었지만 브로커들은 받기로 한 돈을 토해낼 때까지 집요했다. 일부는 탈북자를 잡으러 다니는 보위부와 한 통속이었다. 원하는 돈이 나오지 않으면 바로 북으로 돌려보내는 것이 손바닥 뒤집는 것보다 쉬웠다. 국경의 탈북자와 브로커, 보위부는 그렇게 서로 엉켜 있었다.

컴백 투 노스코리아

중국에서 몇 년을 보내며 그는 장사를 했다고 한다. 무슨 장사인지 구태여 묻지 않았다. 물어도 답이 없을 터였다. 돈을 만졌다고 하는 것으로 보아 쉽지 않은 일을 했구나라는 짐작만 들었다. 하지만 신분이 없으니 돈을 모아도 불안했다. 한국행을 택했다. 한국에서 신분이 나오면 다시 중국으로 넘어와 대한민국 사람으로 다시 장사를 할 생각이었다. 최근 탈북자들이 많이 택하는 선택지 중 하나였다. 한국에 들어가도 뾰족한 수가 보이지 않는다는 말이 퍼지면서 많은 탈북자들이 친척이 있거나 익숙한 중국 동북 지역에 정착하고 싶어 했다. 그래서 일단 한국으로 와서 주민등록증과 여권을 받고 다시 중국으로 가서 안전하게 정착하는 방법이 번지고 있었다. 신분은 중요했고 탈북자들은 신분을 갈구했다.

중국으로 다시 들어오려던 정준의 생각은 한국 생활을 하면서 바뀌었다. 새로운 세계를 경험해보고 싶은 생각이 들었다. 마침 은밀하게 탈북자들의 유럽행 붐이 일고 있었다.

"유럽 전 지역 27개국에 거의 다 있다고 보면 되지. 심지어 이스라엘까지 가있다고 들었어. 거기 가서 군대 생활을 하고 시민권까지 가졌다는데. 프랑스도 외인부대에 들어가 3년을 있으면 시민권을 내준다고 하더라고. 우리가 또 군대라면 뒤지지 않지."

그래서 원래 프랑스 외인부대를 생각하고 나이 사십이 넘어 비행기를 탔다. 외인부대가 북한과 쿠바 출신은 받지 않는다는 얘기는 듣지 못했다. 결국에는 이곳까지 흘러들었다. 말을 하다가 어이없는지 픽 웃는 눈가에 주름이 보였다.

볕이 드는 침대 끝자락에 항아리 비슷하게 생긴 것이 있었다. 큰 수건으로 덮여 있었다. 뭔지 들춰봐도 되냐고 묻자 그가 성큼 일어나더니 휙 하고 수건을 걷었다. 콩나물이었다.

"이거 귀한 거야. 여긴 콩나물이 없거든. 콩나물 콩은 없고 일반 콩인데 쥐콩이라고 얘기하는 그거야. 그나마 없어서 그냥 이걸로 키우고 있어. 발아율이 굉장히 떨어지긴 하는데 그래도 넋 놓고 앉아 놀면 뭐 하나."

벨기에 한인 사회도 인도적 차원에서 난민을 신청한 탈북자들에게 이런저런 도움을 주고 있었다. 정준은 콩나물을 키워 어느 한인 식당에 팔고 있다고 했다.

"하루에 수십 번 물도 줘야 하고. 조심하는 게 굉장히 많아. 그냥 고전적으로 키우는 거지. 잘 팔린다기보다는 먹고 사는 것에 보태는 정도지."

정준은 자기가 벨기에 브뤼셀에서 콩나물을 키우고 있을 줄은 몰랐을 것이다. 유럽의 농사꾼이라면서 키득거리는 사내들과 정준의 웃음이 방을 채웠다.

보조티프가 아닌 메가티프 도장을 받으면 어디로 갈지 생각해봤냐고 물었다. 모자를 눌러쓰고 인터뷰를 하던 정준이 정색하며 받았다.

"가고 싶은 곳 있지. 꼭 가야할 곳이 있지."

고향을 얘기하고 있었다.

"엄청나게 가고 싶지. 물론 찢어지게 가난하고 모든 게 막히고 이런 말도 안 돼는 나라지만 그 정권이 무너지는 조건에선 정말 고향에 가고 싶지. 뼈에 사무칠 정도로 가고 싶은 거 아마 모를 거야."

조국을 말하는 그의 목소리가 점점 나직해져 갔다.

"그리고 딱 들어가는 순간, 나는 내 본명을 찾을 거야. 진짜. 야 성국아 너도 그렇잖아. 우리 본명을 찾아야지."

"컴백 투 노스코리아."

정준이 힘주어 말했다. 저도 모르게 힘이 들어간 주먹이 꽤나 단단해 보였다. 이들의 본명을 부를 날이 올 수 있을까라는 생각이 들었다. 날이 흐린지 방안의 볕이 얕아져 갔다. 브뤼셀이 아직 낮인지 아니면 밤이 되었는지 도통 알 수가 없었다.

"탈북자 문제의 해결책을 찾는 것이
바로 통일의 연습입니다"

　'그들은 행복하게 오래오래 잘 살았답니다'로 끝나는 동화 같은 이야기를 기대하지는 않더라도, '통일이 되면 남북한사람들이 함께 잘 살 수 있을까'에 대한 의문은 많은 전문가들의 관심을 끌었다. 전우택 연세대 의대 교수는 그들 중 한 명이다.

　그는 1990년대 후반 미국 하버드 의대에서 난민정신건강프로그램의 연구원으로 공부하면서 탈북자 문제에 관심을 가졌고 이후 그들의 남한 사회 적응 및 변화 양상을 한반도평화연구원과 함께 꾸준히 조사했다. 전 교수는 탈북자들이 탈남하여 해외에 난민으로 나가는 사례에 대해서도 현지 면접 조사 등을 진행한 몇 안 되는 전문가로, "탈북자를 차별하지 않고 소홀히 대접하지 않는 마음과 사람의 통일이 필요하다"고 취재진에게 강조했다.

연세대학교 전우택 교수

한국 사회에서 탈북자는 어떤 의미로 봐야 합니까?

전우택 '남한에 들어와 있는 2만 명이 넘는 탈북자들이 어떤 의미를 갖고 있는가', 이것은 굉장히 중요한 질문입니다. 세 가지 측면에서 볼 수 있는데요. 첫 번째로 북한에서 태어나서 살아오신 분들이 '자기와 가족의 삶을 북한이 아닌 남한에서 살았으면 좋겠다' 라고 결정하는 현상입니다. 즉 그런 의미에서 보면 이것은 작지만 분명한 통일의 시작이 이루어진 것입니다. 두 번째는 남한과 북한이 아주 이질화돼 있는데 남한 사회에 북한 출신들이 들어와서 살며 적응할 때 어떤 일들이 일어나는지를 볼 수 있는 일종의 통일 실험적인 측면이 있습니다. 세 번째로는 남한에 들어와서 살고 있는 탈북자들의 소식을 북한에 있는 주민들이 아주 민감하고도 빠르게 듣고 있습니다.

그래서 그들이 통일에 대해서 어떤 태도를 취할지를 결정하는데 있어서 남한에 들어와 있는 탈북자들은 아주 중요한 의미를 갖게 됩니다.

그렇다면 한국에 입국했던 탈북자들의 탈남 현상은 어떤 의미로 봐야 합니까?

전우택 그것 역시 세 가지로 나누어서 생각해볼 수 있습니다. 첫 번째로 언뜻 보면 마치 남한 사회가 이분들을 제대로 받아들이지도 못하고 적응시키지도 못해서 나가는 것처럼 보일 수 있지만 제 생각은 약간 다릅니다. 사실은 지금 대한민국처럼 북한이라는 곳에서 들어오시는 분들을 이렇게 적극적으로 지원하고 받아들이는 예는 유일합니다. 이들 중 일부가 한국을 떠나는 것은 매우 특별한 상황이고 전체적인 비율로 보더라도 많은 것이 아니기 때문에 이 현상을 마치 남한사회가 무언가를 실패한 것처럼 볼 이유는 없다는 것이 저의 첫 번째 의견입니다.

두 번째는 한국사회의 지원을 받은 탈북자들이 다시 탈남하는 것에 대해 우리 국민들이 부정적으로 느낄 수 있지만 사실 그것은 우리 시각에서 볼 때 그런 것입니다. 탈북자들 입장에서 보면 자신들이 목숨을 걸고 북한을 탈출했고 자기와 자녀들이 가장 잘 살 수 있는 공간을 찾아서 아직도 계속 움직이고 있다고 스스로를 규정하고 있거든요. 그래서 우리 입장에서 보면 잘못된 것이고 옳지 않은 것 같지만 북한에서 온 분들 입장에서 보면 '그럴 수도 있다', 이 문제를 이런 각도에서 보면 어떨까 하는 생각이 있습니다.

세 번째로 사실 탈북자들이 전 세계로 흩어지기 시작하는 모습은 과거 우리가 이민과 유학 형태로 전 세계로 흩어지는 것과 사실은 일맥상통한 측면이 있습니다. 우리도 이민 1세대가 많이 고생하셨지만 2세대는 이제 그들이 들어갔던 나라의 주류 사회에 편입하고 있는 것처럼 북한 출신으로서 지금 외국에 나가고 있는 분들이 '지금은 불법이다', '어떤 어려움이 있다' 이런 얘기를 할 수 있지만 '그 2세와 3세들은 다른 세상을 만들 수도 있다' 라고 우리가 조금 더 넓고 멀게 보면서 생각하면 어떨까, 이런 생각도 있습니다.

탈남 과정에서의 불법을 논외로 한다면 탈남하는 탈북자들에게 필요한 것은 무엇이라고 생각하십니까?

전우택 이들이 탈남하는 이유는 대부분 '남한에서 차별대우 받는 게 싫다', 이것이 가장 크고, 두 번째는 '남한에서 돈 버는 것에 대한 자신이 없는데 외국의 복지 시스템이 훨씬 더 좋다고 들었기 때문에 외국 나가서 사는 게 경제적으로 안정될 수도 있다' 란 생각, 이 두 가지입니다. 그런데 정확한 정보를 갖고 외국을 택한 경우가 많지 않아서, 허황된 꿈이나 잘못된 정보를 믿었다가 사실 남한에서보다 훨씬 더 살기 힘들고 돈 벌기 어렵고 더 외로움을 심하게 느낄 수밖에 없다는 것을 알게 됩니다. 그렇기 때문에 우선 잘못된 정보를 믿고 외국에 나가는 일이 없도록 도와드릴 필요가 있습니다. 정확한 정보를 갖고 본인이 선택할 수 있도록 하는 것이 중요합니다. 사실 외국 나가서도 잘 사실 분들은 남한에 계시면서도 잘 사실 분들이거든요. 다만 정확한 정보 없이 내린 결정을 갖는 분들은 대부분 실패합니다. 그래서 그런 점을 도와드리는 체계를 만들 필요가 있다고 생각합니다.

구체적으로 어떤 지원 체계를 생각해볼 수 있습니까?

전우택 우선 제도적으로 하나원이 있습니다. 북한에서 오신 모든 분들이 반드시 거쳐야 하는 장소죠. 그곳에서 '여러분이 이곳에서 나가게 되면 이러이러한 여러 가지 정보를 듣게 될 텐데, 이런 정보는 틀린 것이다' 라는 것을 사전에 교육할 수 있습니다. 이미 외국에 나갔다가 되돌아온 탈북자도 상당히 많기 때문에 직접 그들을 대면하여 교육할 수 있는 방법도 있고 또 여러 정보들을 본인들이 직접 확인할 수 있는 정보 확인 시스템을 만드는 것도 방법입니다. 남한의 국적을 이미 취득했음에도 불구하고 외국으로 가서 난민 신청을 하는 것은 '사실 불법의 소지가 있고, 국제 문제가 되고 있고, 절대로 자랑스럽게 얘기할 수 있는 상황은 아니라는 점' 을 교육할 수도 있습니다.

면접 조사 등 다양한 방식으로 탈남하는 탈북자들과 접촉하셨는데 이들은 스스로의 정체성을 어떻게 규정하고 있습니까?

전우택　남한으로 들어와서 정착하신 분들은 일반적으로 자기 자신을 이제는 남한사람이라고 생각하고 남한 국적을 자랑스레 생각한다는 응답을 꽤 많이 합니다. 그런데 외국으로 나간 탈북자들은 일단 본인이 한국 국적을 포기했다고 생각하는 사람들이기 때문에 당연히 남한이 자신들의 국적이라고 얘기하기 어렵습니다. 그래서 본인을 북한에 좀 더 강한 정체성을 가진 사람으로 규정을 하게 됩니다. 그래서 어떻게 생각하면 불안정한 상태의 이중 정체성이 외국에 나간 탈북자들에겐 좀 더 강하게 나타납니다. 매우 복합적이고 혼란스러운 현상이라 앞으로 좀 더 연구가 필요한 상황입니다.

면접조사 등에서 보이는 이들의 심리 상태는 어땠나요?

전우택　북한에서 오신 분들은 일반적으로 북한에 두고 온 가족들 생각과 또 자기 조국을 배반했다는 것에 대한 죄책감이 있습니다. 일종의 건강한 죄책감이죠. 그래서 자신들이 남한에서 열심히 돈 벌어서 북한에 있는 가족을 남한에 데려오기도 하고 나중에 통일이 되면 북한을 위해서 뭔가 긍정적인 일을 하고 싶다는 열망이 강합니다. 저는 그런 점이 앞으로 통일의 과정에서 긍정적 기여를 할 것이라고 봅니다. 그런데 제3국으로 떠난 사람들은 북한에 대한 죄책감에, 남한에 대한 미안함 그리고 남한 사회에서 받았던 지원을 제대로 갚지 못했다는 죄책감을 복합적으로 갖게 되거든요. 그래서 외국에서 잘 적응하면 어떻게든 남한 사회에 기여해보겠다는 이야기를 하는 사람도 있습니다. 아직 정착 초기 단계이기도 하고 앞서 말했듯이 좀 더 이들을 이해하고 연구할 필요가 있습니다.

탈남하는 탈북자들이 우리 사회에 던지는 메시지는 무엇입니까?

전우택 북한을 탈출해서 남한에 들어왔다가 다시 외국으로 나가든지 또는 처음부터 남한에 들어오지 않고 외국을 택해서 나가든지 하는 현상들이 우리 앞에 현실적으로 존재하고 있거든요. 그러면 이것이 뭘 의미하고 있는 걸까요.

첫 번째로는 이런 일이 진짜로 벌어지고 있다는 것은 북한 출신 사람들의 마음이 지금 어떻게 움직이고 있는가를 우리가 반드시 이해하고 분석해야 할 필요가 있음을 보여주는 것입니다. 우리가 언뜻 생각할 때는 '말이 통하는 남한에 와서 지원을 많이 해주면 당연히 살아야 되는 거 아냐'라고 생각하겠지만 지금 그것이 아니거든. 향후 정말 통일이 돼서 남북한 사람들이 함께 살아가게 될 때 나타날 수 있는 많은 현상들을 예습하는 기회가 되는 것이죠.

두 번째는 탈남의 이유를 잘 들여다보면 지금 우리 남한 사회가 가지고 있는, 아직은 부족한 점들이 잘 보입니다. 예를 들면 안정된 직업을 갖는다는 것이 남한 사회에서 얼마나 힘든

지 또 사회 분위기가 얼마나 경쟁적인지 그리고 국민들이 복지시스템에 대해 믿지 못하는 것 등등이 탈북자들의 반응을 통해 보이고 있습니다. 그래서 단순히 그분들에게만 중요한 것이 아니라 통일 이후에 우리가 새로운 나라를 만들어갈 때 중요하게 개선해야 할 점들을 탈북자들을 통해 미리 보는 겁니다. 우리 사회가 과도하고 불필요한 경쟁적 분위기를 갖지 않는 좀 더 편안하게 함께 어울려 살 수 있는 사회로 건강하게 바뀌고 사람들이 자신의 기본적 삶에 대한 보장을 받도록 나아져야 함을 말하고 있는 것이죠.

마지막으로 탈북자들이 한국을 떠나는 현상에 대해 물론 우리가 불편한 것도 있고 부정적 측면도 많지만 혹 긍정적으로 해석할 수 있는 측면은 없는지도 생각해봐야 한다는 것입니다. 머지않은 미래에 해외로 나간 탈북 2세, 3세들에 의해서 많은 성취가 이뤄진다면 한민족 전체의 역량을 늘리는 데 긍정적 기여를 할 수도 있을 겁니다. 그래서 탈북자들이 남한에서 살지 못하고 또 외국을 떠돌고 있다고 부정적으로 선전되는 현상을 가급적 최소화하고 긍정적인 면은 없는지 등, 좀 넓게 바라볼 필요가 있다고 생각합니다.

탈북자들의 탈남 현상에서 우리는 통일을 대비해 무엇을 배워야 합니까?

전우택 반복되는 이야기이지만 앞으로 통일 과정과 통일 이후에 이질화돼 있던 남북한 사람들이 하나의 국민으로 살아가면서 수 없이 많은 다양한 문제들을 만나게 될 것입니다. 저는 지금 탈남하는 탈북자들의 문제도 앞으로 있게 될 크고 작은 문제 중 하나일 것이고 이것은 일종의 예습과 같다고 생각합니다. 그래서 이 문제를 우리가 어떻게 이해하고 대응할 것이냐를 이번에 연습해보고 함께 해결책을 찾는 것이 통일의 연습이라고 생각합니다. 이런 문제를 해결하는 역량이 자꾸 축적돼야만 진짜 최종적인 통일을 할 수 있거든요. 그들을 우리의 지원을 받고 외국으로 나간 배신자들이라고 부정적으로만 볼 것이 아니라, 그들을 어떻게 이해하고 도와야 될까, 그동안 우리의 지원의 어떤 부분이 부족했는가 등을 살펴보는 좋은 계기로 삼아야 합니다. 어떤 의미에서는 통일을 대비해 치러야 할 비용이고 또 그렇게 생각한다면 그렇게 많은 수업료는 아니라고 생각합니다. 이 문제를 너무 협소하게 또는 너무 남한의 시각에서만 보지 말고 우리 한민족의 완전한 통일을 위해서 지금 어떻게 보면 일부 투자를 하고 또 공부를 하고 있는 것이라고 생각할 수는 없을까, 저는 그렇게 생각합니다.

인터뷰 1 _ 연세대학교 전우택 교수 인터뷰

탈남하는
탈북 청소년들

"지금 우리가 통일 연습을 하는 것 아니겠습니까? 이 아이들은 미리 와 있는 통일 사절단들인데 우리가 분명히 해야 할 것들이 있습니다. 우선적으로 우리가 가진 자들이고 여유 있고 넉넉한 사람들이기 때문에 집을 버리고 가족과 헤어져서 먼 길 돌아서 온 사람들한테 먼저 넉넉하게 맘을 열고 조금 더 이해할 수 있어야 하지 않느냐는 거죠."

탈북 청소년 대안학교,
셋넷학교

탈남의 경계에 선 아이들

봄꽃이었다. 밝고 선명한 것이 어김없이 봄을 알리고 있었다. 봄꽃 옆으로 모래밭이 얼마간 펼쳐져 있었고 강물은 빛을 머금고 반짝거렸다. 돌이 한 번 물에 튈 때마다 아이들은 여지없이 깔깔댔다. 물수제비를 뜬다고 돌을 던지는 얼굴들이 봄꽃마냥 밝았다. 이 날은 셋넷학교의 봄소풍 날이었다. 시내 인근 강가로 나온 학생 다섯과 교사 둘의 단출한 학교. 셋넷학교는 탈북 청소년 대안학교이다.

학교에서 적응하지 못하는 탈북 청소년들

처음 학교를 찾았을 때 찾기가 쉽지 않았다. 강원도 원주 시내에서 차로 조금 더 들어간 다세대 주택 2층은 학교라기보다는 흡사 가정집과 비슷했다. 방 하나를 교실로 쓰고 옆방을 컴퓨터실 겸 독서실 그리고 다른 방 둘이 남녀 학생의 숙소였다. 교실로 쓰는 조금 큰 방에는 책걸상도 놓였고 칠판도 있었다. 학교라는 이름을 건 곳이 맞는지 의아해하며 교장 선생님을 기다렸다. 키가 크고 괄괄해 보이는 박상영 교장을 만났다. 한 언론과의 인터뷰에서 본 그의 별명이 기억났다. 망채. 망채는 망둥이를 부르는 북한 말이다. 함경도에서는 친한 친구들 사이에 그렇게 부른다고 했다. 망채 선생이라는 별명은 그와 학생들의 끈끈한 관계를 보여준다. 그가 셋넷학교를 일군 지도 거의 10년이 되어갔다.

"열 살 전후에 고향을 떠나와서 중국과 동남아를 몇 년간 떠돌다가 남한에 극적으로 들어오게 되는 것이 보통인데 그만큼 나이는 먹어 있고 학력 수준은 낮아져 있죠. 그런 불일치 현상이 이 아이들이 남한에서 적응하는 데 굉장히 큰 장애가 되요."

원래 한국 청소년들을 위한 대안학교에 관심이 있던 그는 탈북 청소년들을 만나면서 방향을 바꾸었다.

"대부분 함경도나 두만강가에서 경제적인 이유로 탈북 했던 청소년들이 정착에 성공하는 케이스를 거의 보지 못했어요. 10명에서 2~3명 살아남을까. 나머지 7명 이상은 다 중간에서 탈락하고 그 다음에 처음 가졌던 꿈도 사라지고 연락도 끊기고 뭘 하는지도 모르겠고…."

그는 한국 사회에 적응하지 못하는 탈북 청소년들을 모았다. 학교에서 나왔지만 그렇다고 딱히 갈 곳도 마땅치 않은 아이들이었다. 일

탈북 청소년들을 위한 대안학교인 셋넷학교를 운영하고 있는 박상영 교장.

단 기초 학습을 안 할 수는 없기 때문에 검정고시를 대비한 국어, 영어, 수학 교육은 했지만, 스스로 목표를 세우게끔 하고 그 목표를 위한 자격증을 따는 데 중점을 뒀다. 무엇보다 박상영은 아이들과 함께 춤 극이나 합창 같은 문화공연을 만들어가는 데 신경을 썼다. 소속되어 있고 해낼 수 있다는 동기부여에 공연만한 것이 없다고 생각했기 때문이다.

봄소풍의 점심은 인근 매운탕집에서였다. 민물에서 잡은 잡고기에 미나리를 얹어 푹 끓여낸 맛이 뭐 하나 부럽지 않았다. 강원도라 감자조림이 찬으로 나와 있었다. 감자라면 치가 떨린다며 햄버거 옆에 딸려 나온 감자튀김에는 손도 안 대던 영국의 은영이 할머니 생각이 났다. 하지만 아이들은 달랐다. 찬이 나오기가 무섭게 비워지고 손을 들고 "더 주세요."를 외쳐댔다. 박 교장이 웃으며 물었다.

"너네 정말 감자 좋아한다. 질리지도 않니? 고향에서 그렇게 많이 먹어놓고."

"감자 안 질려요. 쌤."

볼에 감자를 넣고 우물거리던 윤소가 대꾸했다. 윤소는 옆에 앉아 있던 영민이를 빼꼼히 쳐다봤다.

"얘는 감자밭에서 왔어요. 인터넷에 대홍단이라고 쳐봐요. 거긴 감자밖에 없어요."

말해놓고는 뭐가 우스운지 자기들끼리 한참을 깔깔댔다.

가족끼리 넘어온 아이도 있었지만 혼자 넘어온 아이도 있었다.

"9월 1일 날 넘어왔거든요. 비가 퍼부은 다음이라 물살이 엄청 심했어요, 물이 불어서. 다리에 힘 빡 주고 바바바박 걸어왔어요."

두만강의 9월이면 이미 물이 차가워질 때였다.

"신발 다 잃어버리고, 돌멩이가 미끄러우니까. 절반 쯤 갔는데 물이 너무 세서 못 가겠는 거예요. 그래서 다시 뒷걸음질 치다가 에이, 하고 죽기 살기로."

그렇게 떠벌이던 광현이가 그런데 자기보다 더 대단한 놈이 있다고 뒤에 앉은 아이를 추켜세웠다.

"저 놈아는 휴전선을 넘어 왔어요."

딴청 부리면서도 자기 얘기를 하고 있는지는 아는지 허연 이가 보였다. 술 먹고 애라 모르겠다 하고 내달렸더니 휴전선을 넘고 있더래요.

"지뢰는?"

술 먹고 달리니까 되더래요. 탈북자들 이야기는 한두 마디 보태기 마련이라 그만큼 빼고 들으라고 충고해주는 사람이 많았지만 휴전선을 넘어왔다는 10대의 이야기는 처음이었다.

그렇게 넘어온 아이들은 하나원에서 적응 교육을 받고 한국 학교로 옮긴다. 하지만 북에서도 제대로 학교를 다니지 못한 아이들에게 한국 학교는 벽이었다. 무슨 과목이 제일 어려웠냐고 물었다. 전혀 생각지도 못했던 답이 튀어 나왔다.

"저는 2011년도 7월에 한국에 왔어요. 그런데 국어가 제일 어려워요. 말이 힘들어요. 좀 뭔가 여기는 말을 바꾼 게 되게 많아서 이전에 또 북한에서 공부도 안했고. 그래서 너무 어려워요."

같은 말과 글을 쓰는 한민족이라는 것은 우리만의 착각인지 모른다. 윤소가 말을 이어갔다.

"싸가지 없다, 이런 말도 처음 와서는 몰랐죠, 무슨 말인지. 칭찬하는 줄 알았죠. 그래요. 진짜 몰랐어요."

말글에서 차이가 나고 비웃음거리가 몇 번 되면서 벽은 높아만 갔다. 말문은 자연스럽게 닫혔다. 흔히 탈북자들은 영어를 몰라 고생할 것이라는 추측이 무색했다. 이미 남한 말도 아이들에게는 영어보다는 아니지만 또 하나의 외국어였다. 아이들의 한국 생활은 이런저런 사연으로 가득했다. 매운탕을 먹고 퍼져있던 아이들이 연달아 고민을 쏟아냈다.

"저는 2009년 4월에 넘어왔고, 24살이에요. 공부가 잘 안 들어오는 거죠. 생각 같아서는 잘 될 것 같은데 해보면 안 되니까 짜증도 나고. 이걸 배워서 어디다 써먹을 건지도 모르겠고. 주변에 보니까 내 나이면 대학생들이거나 대학 졸업할 나인데 이제 시작해서 언제 따라가서 그만큼 하겠는가 하는 생각도 들고."

"저는 92년생인데요. 21살이에요. 살기 힘들어요. 그냥 어디 한 발짝 가려해도 돈이 필요하고. 북에 있을 때보다 육체적으로는 편한데 정신적으로 힘들어요. 북한은 농사도 하고 하니까 육체는 피곤하고 그렇거든요. 빨리 일하고 들어가서 자고 해야 되는데, 여긴 그런 건 없잖아요. 그런데도 나가서 돈 벌고 그게 다 기술적인 일이라서 머리가 아파요."

여기서는 몸이 편하다. 많은 탈북자들이 하는 말이다. 북에서는 사람을 가만 놔두지 않았다고 했다. 교양에 총화에 하루에도 여러 번의 학습 모임이 있었고 봄가을이면 농촌으로 노력 동원이 일상적이었다. 학생들도 1년에 서너 달은 들녘에 나가야 했다. 씻고 자고 일어나 먹기에 바빴던 것에 비하면 한국 생활은 확실히 몸은 편했다. 그러나 대가는 있었다. 어떻게 벌고 어떻게 써야 하는지가 온전히 개인의 몫인 사회. 자본주의는 1년이 됐건 2년이 됐건 낯설기만 했다.

박 교장이 그런 아이들을 품었지만 정착은 쉽지 않았다. 뛰쳐나가는 것을 한두 번 해본 아이들은 수틀리면 셋넷학교에서도 사라지곤 했다.

"몇 년 전에 말없이 사라진 놈이 있었는데. 몇 달 있다가 새해가 되었는데 전화가 오더라구요. 전화번호가 이상해서 받을까 말까 하다가 받았더니 '선생님 새해 복 많이 받으세요'라고. 놀래서 너 이 번호가 어디냐 그랬더니 맨체스터라는 거예요."

다시 국경을 넘는 아이들

박 교장은 몇 년 전 영국행 비행기를 탔다.

"애네들이 뭐 탈출하던 게 습관이 됐는지 말도 없이 사라져 버리고. 저도 속상하고 선생님이나 남은 아이들도 많이 우울했지요."

사라진 두 명이 맨체스터라고 전화가 오자 그는 아이들을 직접 찾아가 만나보기로 결심했다. 전화번호만 달랑 들었다. 아이들이 전화를 받지 않거나 나오지 않는다면 헛걸음이 될 수도 있었다. 하지만 박상영은 왜 탈북한 아이들이 탈남까지 결심하게 됐는지가 궁금했다. 한두 번 학교를 이탈했다가 다시 돌아온 놈들은 허다했다. 대게는 지방 공사판에서 노가다를 하면서 돈을 모아 돌아오곤 했다. 하지만 영국이라며 전화를 걸어온 놈은 성철이가 처음이었다.

런던에서 맨체스터는 기차로는 두 시간, 버스로는 다섯 시간 정도 걸리는 거리였다. 역 앞은 분주했다. 혹시 놓칠까 싶어 쉴 틈 없이 하얗고 까만 사람들을 훑었다. 그렇게 한참을 기다렸지만 성철이는 나타나지 않았다. 서울에서 열 시간도 넘게 비행기로 날아가야 했던 거리. 박 교장은 막막했다. 막막함에 지칠 때쯤 성철의 모습이 보였다.

"처음에 맨체스터에서 녀석을 만났는데 참. 어색한 듯이 고개 숙이고 쭈뼛쭈뼛 오는데 그런 모습도 속상했고 당당했으면 좋겠는데 여전히 거기서도 불안한 신분이었고 자기가 정상적으로 오질 않았기 땜에 늘 이렇게 살피고 오는 게 멀리서도 보였어요."

아이들이 어떻게 영국까지 갔을까

성철이 집은 시내에서 좀 들어간 곳에 있었다. 방 하나 거실 하나로 단출했다. 난민을 신청한 사람들이 임시로 거주하는 장소였다. 성철이 혼자는 아니었다. 방문을 열자 또래의 남자 아이가 둘, 여자 아이가 하나였다. 한 쌍은 사귀는 사이라고 했다.

그래도 선생이 왔다고 아이들이 한참을 볶고 지지더니 먹을거리를 해왔다. 국수를 볶았고 과일과 채소를 이것저것 넣어 정체모를 샐러드도 만들어 내왔다. 박상영이 근처 마트에 가서 술을 사왔다.

"선생이 주는 잔은 받아도 돼."

이미 술이면 이력이 나 있는 아이들이라 구태여 필요 없는 말일지도 몰랐지만 잔을 채우며 훈계조의 말을 잊지 않았다. 한 잔 두 잔 더해지더니 몇 잔인지도 모르게 술이 오갔다. 얼굴이 벌게진 아이들이 국수를 우물거렸다.

"그전 서울에서보다 심해진 게 있는데, 북한 사투리가 더 세졌더라구요. 북한 사투리를 쓰면서 행복해하는 모습을 봤어요. 아 저게 뭐냐. 한국에 있을 때는 일상 속에서 많이 긴장하고 그런 것이 지속되고 있었구나. 말조심, 눈치 보기. 이런 것들을 항상 신경 쓰고 살고 있었구나."

아이들은 셋넷학교에서 지낼 때보다 말에 북한 억양이 무척이나 강해져 있었다. 자기들끼리 생활한 지 몇 달째 돼서 그랬는지도 모르겠다. 확실한 것은 북한말을 쓰는 데 눈치를 보지 않는다는 것이었다. 한국에서 학교를 다닐 때 어디 가서 누군가와 말할 때는 말 한마디 한마디가 스트레스였을 것이다.

"북한말을 쓰면 무시해요."

이미 취한 듯 보이는 남자아이가 툭 내뱉었다.

"우리들도 자존심이라는 것이 있어요."

박상영은 간혹 남한사람들을 대상으로 탈북자와 관련한 인터뷰도 하고 강연도 하곤 했다. 그때 항상 강조하는 것이 존중과 배려였다.

"바나나 까주면서 이런 것이 바나나야. 먹어봐. 이러면 억장이 무너지는 거죠. 전 우리가 존중하며 배려하는 것을 연습해서 도와주면서 상대방 기분 안 나쁘게 하는 방법을 배워야 한다고 생각해요."

여자 아이가 지루했는지 노트북을 꺼냈다. 음악을 틀었다. 북한 노래였다. 북에 있을 때 좋아하던 노래라고 했다. '아버지의 눈을 피해 이웃집 남자와 만난다'는 내용의 가사가 고운 목소리에 실려 흘러나왔다. 북에서도 인기 있는 노래는 사랑 노래였다. 여자 아이는 연신 노랫말을 흥얼거렸다. 비슷한 노래들이 연이어 나왔다. 박상영이 노트북을 달라 해서 이리저리 살펴봤다. 북한 노래는 물론이거니와 북한 영화도 있었다. 노래야 익숙한 것이 좋다지만 대부분 선전 영화 일색인 북한 영화는 의외였다.

통일 독일의 이야기가 생각났다. 통일 직후 물밀듯이 밀려들어오는 서독의 화려한 물건들에 동독 사람들은 열광했다. 주머니가 비는지도 모르고 서독 상품들을 사들였다. 동독에서 생산된 상품들에 비하면 품질이 월등했고, TV에서 나오는 광고는 환상 같았다. 1:1로 서독 마르크와 동독 마르크를 교환해주다가 정부 보조금까지 얼마간 더

해줘서 동독 사람들은 싹쓸이 수준으로 서독 물건들을 사들였다. 이런 호황은 길지 않았고 곧 긴 겨울이 찾아왔다. 동독 지역의 실업률은 치솟았고 소득은 형편없이 떨어졌다. 돈 쓰는 법을 몰랐기 때문에 돈을 펑펑 써댔고 그 기억은 아픔으로 다가왔다. 우울한 가난이 오랜 기간 이어졌다.

가난은 곧잘 분노로 바뀐다. 분노는 통일에 대한 후회로, 서독사람들에 대한 열등감으로, 더 못한 외국인 노동자들에 대한 차별과 공격 등으로 터져 나왔다. 그중에 특이한 현상이 옛 동독 물건에 대한 향수였다. 이미 옛 동독의 공장들은 구할 이상이 문을 닫은 상태였다. 조악한 품질의 동독 상품들은 시장에서 퇴출된 지 오래였다. 하지만 동독인들의 분노가 이미 버려진 상품들을 다시 불러냈다. 옛 동독의 과자며 음료수와 먹을거리들이 유행했다. 살기 위한 경쟁에 익숙지 않은 사람들은 되레 다 같이 없이 살아 차이가 없던 시절을 그리워했다. 똑같이 비교하기는 어렵지만 아이들의 노트북에서 흘러나오는 북한 노래와 영화는 분명 비슷하게 읽혔다. 학교에서 수업 중에 아이들은 가끔 남한 사회에서 받은 상처에 대해 이야기하곤 했었다.

"얘네들이 자기네 탈북할 때 받았던 상처보다 더 큰 상처를 받았단 얘기를 해요. 탈북 과정을 들어 보면 이건 도대체 상상하기도 힘든 경험인데 그것보다 여기 와서 더 힘든 처지였다는 것을 어떻게 해석해야 하는지."

중국에서 숨어살던 시절의 기대가 컸기 때문에 실망은 배가 됐다. 성철이는 알바를 하려고 여기저기 문을 두드리다가 박대 받은 날, 박상영 앞에서 눈물을 흘렸다.

"어디서 왔어요? 이상하게 쳐다보고 비하하고. 애들이 수치심을 느끼는 거예요. 한국에 와있는 많은 외국인 노동자보다 못한 시선과 대접을 받으면서, 그래도 이 사람들이 남한에 왔을 때는 같은 동족이고 한 핏줄이니까 따뜻하게 해주리라는 기대가 있었는데, 여지없이 무너지는 거지요. 그 배신감 때문에 더 큰 상처를 받게 되는 것이고."

북한에서 온 아이인줄 알게 되면 화를 내는 노인들도 있었다. 전쟁을 겪은 노인들 중 일부는 탈북한 아이들을 고깝게 봤다. 근 70년에 달하는 이념대립은 진행형이고 전쟁으로 수백만 명이 죽은 것이 불과 몇십 년 전이다. 빨갱이에게 당한 기억이 있는 노인들에게 잘 못 걸려 화풀이를 당한 아이들은 남한이 무서웠다.

"언젠가 성철이가 얘기하더라구요. 자기는 북한사람도 아니고 남한사람도 아니라고. 분명하게 얘기했어요."

박상영은 아이들과 함께 잤다. 여자아이가 방에서 잤고 나머지는 거실에서 잤다. 이불이 부족했다. 선생님이 왔다고 덮을 것을 챙겨줬다. 아이들은 크게 개의치 않았다. 대충 두르고 누우면 그만이었다. 그렇게 엉켜서 잠이 들었다.

시큼한 냄새에 눈을 떴다. 먹다 남은 샐러드가 시큼한 냄새를 풍기고 있었다. 박상영은 일찍 일어나 음식과 짐을 정리했다. 한국 같았으면 소금간 맞춰 국도 끓이고 하얀 쌀밥도 앉혔겠지만 주방은 휑했다. 먹다 남은 빵 덩어리와 잼 정도였다. 아이들이 뭘 먹으면서 어떻게 생활하는지가 궁금했다.

부스스한 머리를 하고 성철이가 먼저 일어났다. 술이 덜 깬 듯 얼굴을 찡그렸다가 박상영을 보고 애써 웃음을 지어보였다. 등짝을 한 대 후려치고는 근처 마트에 가서 빵을 사왔다. 아직 자고 있는 놈들을 마저 깨우고 빵에 잼을 발랐다. 아침 겸 점심이었다.

아이들이 어떻게 영국까지 왔을까, 박상영은 궁금했다. 영국 이야기는 어디서 들었고, 비행기표는 무슨 돈으로 샀고, 누구를 따라 난민청에 들어갔는지. 모든 것이 의문이었다. 하지만 빵을 우물거리는 아이들을 보며 질문을 안으로 삼켰다. 좋은 이야기가 나오지 않을 것이고 그러면 또 가르쳐야 하는 상황이 될 것 같았다. 돈이 어디 있어서 항공권을 샀을까. 옳지 않은 방법을 썼을 수도 있다. 생존을 위해 뛰었던 아이들이라 죄의식도 옅었다.

"문화재를 보호하는 방법이 뭐냐 물으니까 상당히 많은 아이들이 그 문화재를 팔아서 문화재를 보호할 돈을 마련한다고 하더라구요. 그래서 틀렸다고 하니까 왜 틀렸냐고 저한테 따지는 거예요. 그게 우리가 보면 웃을 일이지만 북쪽에서 넘어온 친구들은 그런 식으로 하는 것을 너무나 당연하게 생각하더라고."

사회주의를 버리고 중국에서 자본주의를 접한 아이들이었다. 그들이 버리고 나온 사회주의도 온전한 사회주의가 아니었고, 브로커들을 통해 처음 접한 자본주의도 온전한 자본주의가 아니었다.

"결과를 위해선 과정이 무시되는 천박한 자본주의를 중국에서 접하고 그걸 한국에서도 그렇게 하면 되겠다고 생각하는 아이들이 많아요."

그나마 성철이는 이곳에서 제대로 살아보겠다는 말을 수시로 뱉었다. 여기선 기술만 확실하면 돼요. 북한사람이든 한국사람이든 상관없어요. 자동차 정비기술을 배우고 싶다고 했다. 성철이 친구 중에는 노르웨이에 가 있는 놈도 있다고 했다. 한국에 있는 아이들 중에는 미국이나 캐나다로 가겠다고 준비하고 있는 애들도 많다고 했다.

날이 바뀌고 체류는 짧았다. 다시 런던행 차를 타야 했다. 성철이는 정류장까지 나와서 손을 흔들었다. 여전히 푹 눌러쓴 모자 아래로 얼굴이 보일락 말락 했다. 언제 다시 등짝을 후려칠 수 있을지 모를 일이었다. 버스가 출발하자 성철이는 점점 작아져 갔다. 그러곤 곧 시야에서 사라졌다. 그렇게 이별했다. 박상영은 성철이를 다시 보지 못했다.

미리 와 있는 통일사절단 아닌가요

"얘네가 강만 건너면 되거든요. 근데 넘어오는 순간 기본적으로 고향을 등지는 거고 조국을 등지는 거고. 넘어감과 동시에 중국에서는 밀입국자고 국제적 시각에서는 난민이라고 얘기하는 거죠. 그러다 한국으로 오게 되면 간첩인지 아닌지 조사 받다가, 끝나면 하나원으로 간단 말이죠. 갑자기 교육생 신분이 되는 거죠. 그리고 두 달 교육이 끝나면 그 다음에는 생활보호대상자. 영세민이 되는 거죠. 그러니까 열여덟, 스물 된 애들이 삼사 년 사이에 자기 신분이 때에 따라 상황에 따라 서너 번씩 바뀌면서 신분에 따라 대하는 사람들 태도도 달라지고 별의별 일들을 다 겪는 거죠."

성철이는 잠들기 전 박상영에게 넋두리처럼 한마디를 했었다. "솔직히 한국사람들 우리들 없으면 더 좋아하는 것 아니냐"고. "우리 사람들 한국에서 빠져나가면 시원섭섭할 것 아니냐"고.

영국에서의 일을 이야기하던 박상영이 두터운 앨범을 하나 꺼냈다. 박 교장이 건네준 셋넷학교 사진첩 귀퉁이에 성철이의 얼굴도 있었다. 그 아이들을 두둔할 생각은 없다고 했다. 하지만 계속되는 아이들의 탈남 행렬을 멈출 방법은 분명 찾아야 하는 것 아니냐고 강변했다. 어떤 대학교에는 탈북 아이들이 몇 년간 50명 넘게 입학했는데 지금 남아 있는 학생이 1학년을 빼면 5명도 안된다고 했다.

"지금 우리가 통일 연습을 하는 것 아니겠습니까? 이 아이들은 미리 와 있는 통일 사절단들인데 우리가 분명히 해야 할 것들이 있습니다. 우선적으로 우리가 가진 자들이고 여유 있고 넉넉한 사람들이기 때문에 집을 버리고 가족과 헤어져서 먼 길 돌아서 온 사람들한테 먼저 넉넉하게 맘을 열고 조금 더 이해할 수 있어야 하지 않느냐는 거죠."

박상영은 아직도 궁금했다고 했다. 성철이가 자동차 정비기술은 배웠는지, 아침은 제대로 먹고 다니는지, 혹 또 다른 나라로 가있는 것은 아닌지. 궁금했고 동시에 서글펐다.

"이 아이들은 미리 와 있는
통일 사절단 아닌가요"

아이들은 가족같이 선생님을 따랐다. 짖고 까부는 것에 스스럼이 없었다. 하지만 그랬던 아이들이 언제냐 싶게 사라지기도 했다. 인간적 배신감을 느낄 법도 했는데 그는 그런 말을 옮기면서 담담했고 때론 허허거렸다. 웃음을 흘리는 모습이 영락없는 동네 아저씨였던 박상영 셋넷학교 교장과의 인터뷰는 학교가 있는 강원도 원주에서였다. 그는 이번 취재에 우리에게 가장 큰 도움을 준 전문가 중 한 명이다. 제도권에 적응하지 못한 탈북 청소년들을 품에 안아온 그의 경험과 거기에서 나오는 통찰력 있는 조언은, 취재 방향을 설정하는 데 길라잡이 역할을 했다. 하지만 편집 과정에서 여차저차한 이유로 셋넷학교 분량을 덜어낼 수밖에 없었다. 방송에서 전하지 못한 그의 이야기를 이렇게 글로나마 풀어낼 수 있어서 무척 다행이다.

셋넷학교 학생들은 나이 차이가 좀 있는 것 같습니다.

박상영 나이하고 학년이 비슷하거나 일치하게 되면 자연스럽게 제도권에서 공부하게 되겠지만 우리 학생들은 그렇지 못한 경우가 많습니다. 보통 10살 전후에서 고향을 떠나오고 중국과 동남아를 몇 년간 떠돌다가 남한에 극적으로 들어오게 되는데, 그만큼 나이는 먹고 학력 수준은 낮은 상황이 발생하는 것이죠. 그런 불일치 현상이 이 아이들이 남한에서 적응하는 데 굉장히 큰 장애가 됩니다. 이 문제는 일반 제도권 학교에서 감당할 수 있는 수준은 아닌 것이죠. 그래서 어려움이 있습니다.

그래서 탈북 청소년들은 대학 진학시 여러 특혜를 받지 않습니까?

박상영 약간 논란의 여지가 있는 질문이라고 생각합니다. 뭐냐면 탈북 청소년들이 곧 다가올 통일 시대의 주요한 역할을 해야 할 인력들이니까 그런 차원에서 진학이라든지 이런 조건을 쉽게 해주자는 정치적 배경이 있는 것 같습니다. 하지만 문제는 그것을 감당할 수 있는 역량이나 준비가 없는 상태에서 그런 특혜를 베풀다보니까 도움이 되지도 않고 오히려 탈북 청소년들한테는 적응하고 정착하는 데 마이너스 요소가 되는 걸 많이 봤어요. 가령 본인이 시험 보지 않고 대학에 가게 되니까 마치 로또복권에 당첨된 것처럼 그냥 막무가내로 진학해보는 경우가 참 많았고, 그러다보니까 1년 만에 탈락하는 비율도 굉장히 높고 또 그렇게 1~2년 정도 대학에 적을 뒀던 친구들

셋넷학교 박상영 교장.

은 그 전에 다니던 공장이나 이런 데 가지 않고 '나도 어느 대학교에 다녔었다' 식의 어떤 지적 허영심이랄까 그런 것에 빠져들면서 제대로 적응을 못하는 걸 많이 봤습니다. 제도적 배려도 중요하지만 굉장히 세심하게 배려해야 되고 그것이 제대로 역할을 하기 위해선 대상이 되는 사람들이 얼마나 준비가 되어 있나를 고려하는 보완장치가 있어야 된다고 봅니다.

대학에 진학하는 탈북 청소년이 졸업하는 비율에 대한 통계자료가 있습니까?

박상영 통일부 자료에도 구체적으로 나와 있지 않아서 조그만 학교를 운영하고 또 부분적으로 학생을 만나는 제 입장에서 뭐라 말씀드리기는 어렵습니다. 다만 제가 경험하거나 주변에서 들었던 것에 의하면 평양권에 거주했었던 학생이라든지 북한에서도 좋은 대학에 다녔던 친구들은 무난하게 이쪽에서 대졸 학력을 취득하지만, 함경도 같은 국경지역에서 경제적인 이유로 탈북 했던 청소년들은 진학에서 성공하는 케이스를 거의 못 봤어요. 경험칙 상 10명에서 2~3명 살아남을까, 나머지 6~7명 이상은 다 중간에서 탈락하고, 그러고 나면 처음 세웠던 꿈도 사라지고, 연락도 끊기고, 뭘 하는지도 모르겠고…. 그런 아이들의 상당수가 또 남한이 아닌 다른 제3국을 선택하는 케이스도 여러 명 봤고요.

셋넷학교 졸업생들이 털어놓는 어려움에는 어떤 것들이 있습니까?

박상영 제가 볼 땐 자본주의 사회에 대한 이해가 부족한 것 같아요. 겉에서 보기엔 만만하거든요. 정착금이다 뭐다 해서 갑자기 돈이 수중에 들어오기도 하죠. 그러니까 '이거 그냥 어떻게 조금만 하면 되겠다' 그런 생각이 들고. 말하자면 뿌리내리면서 뭔가 이해가 잘못되는 것이죠. 사실 우리가 어디 여행을 간다 하더라도 여행에 관한 책도 읽고 여행 갔다 온 사람하고 얘기도 나누고 상당히 많은 준비를 하고 가는데, 이 아이들은 한 체제에서 전혀 다른 체제로 옮겨옴에도 불구하고 별 준비도 안했고 어떤 면에선 그냥 던져진 것이 거든요. 낯선 곳에 처음 들어와 진입하는 기간이나 적응하는 기간이 짧고 또 도와줄 수 있는 인적인 인프라가 약하기 때문에 초기 단계에서 정착에 많은 어려움을 겪는 것 같습니다.

학생들에게서 어떤 경우에 이질감을 느끼셨나요?

박상영 제가 아이들하고 대화를 하거나 어떤 문제에 대한 해결책을 논의할 때 어떻게 이런 식으로 접근할 수 있을까 하는 생각을 할 때가 간혹 있습니다. 가령 문제에 대한 원인을 제공한 사람에 대해서는 폭력행위도 정당하다고 생각한다든지 하는 경우인데요. 우리는 어쨌든 어렸을 때부터 제도화된 교육을 받으면서 원인이 안 좋더라도 그것을 해결하는 방법은 평화로워야 되고 합리적으로 해결해야 된다는 것들을 배웠다면 그쪽에서 공부한 친구들은 원인 제공이 잘못되면 수단 방법을 가리지 않더라도 정당하다는 논리를 펼치는 것을 보고 '우리가 그동안 서로 굉장히 다른 교육을 받으면서 살았구나' 하는 생각을 했어요. 생긴 모습이 똑같고 같은 말을 쓴다고 해서 우리와 소통하는 데 문제가 없다고 생각하는 것이야말로 굉장히 큰 오산이라는 것이죠. 굉장히 조심해야 할 부분이라 생각합니다.

하나 재밌는 사례가 생각나는데 '문화재를 보호하는 방법이 뭐냐' 고 물으니까 상당히 많은 아이들이 '그 문화재를 팔아서 문화재를 보호할 돈을 마련한다' 고 답하더라고요. 그래서 틀렸다니까 왜 틀렸냐고 저한테 따지는 거예요. 우리가 보면 다 웃을 일이지만 논쟁을 벌였던 적도 있습니다.

셋넷학교를 운영하신 지 상당 기간이 지났는데 졸업생들의 근황은 어떻습니까?

박상영 처음 가르쳤던 아이들이 이제 20대 후반인데요. 그중에선 정말 힘겨운 과정을 거쳐서 대학을 졸업하고 회사에 취직한 친구도 있고, 남한 남자친구를 만나서 결혼하고 애까지 낳고 잘 사는 친구도 있고, 처음엔 씩씩했는데 그게 어디 갔는지 모를 정도로 적응하지 못해서 사라져간 친구도 있고요. 또 이역만리 영국에도 가 있고, 노르웨이에도 가 있고, 미국에도 가 있고, 이렇게 흩어져서 21세기의 집시처럼 살고 있는 애들도 있고요. 다양한 결과들이 나왔습니다.

한국을 떠난 학생에 대한 소식을 처음 들었을 때 느낌이 어떠셨나요?

박상영 일단 처음엔 정말 화가 났어요. 왜냐면 저 나름대로 그래도 이 아이들이 건강하고 행복하게 여기서 잘 뿌리내렸으면 좋겠다는 생각으로 그야말로 온 힘을 다해서 정성껏 아이들하고 만났는데, 상의도 없이 야반도주하듯 사라져갔다는 것이 허탈했죠. 인간적으로 전 굉장히 서운했고 그것이 상처가 됐습니다. 하지만 곧이어 이 아이들이 왜 그렇게 낯선 곳으로 또 가야 했을까, 어렵게 고향을 탈출해서 목숨을 걸고 남한에 들어왔으면 이제 여기서 정착할 때도 됐는데 더 말도 안 통하고 정말 문화도 우리하고 너무나도 이질적인 그런 외국에 꼭 그렇게 가야 됐나, 사연이 뭘까 하는 궁금증이 생겼습니다.

직접 영국에 가서 아이들을 만나고 오신 적이 있으신데 어떠셨습니까?

박상영 하여튼 좀 울컥했죠. 어떻게 이렇게 운명이란 게 기구한지. 처음에 맨체스터에서 한 녀석을 만났는데 어색한 듯이 고개 숙이고 쭈뼛쭈뼛 오는데 그런 모습도 속상했고요. 어떤 녀석은 '영어라도 배울 수 있을 줄 알고 무모하게 왔는데 그냥 집에서 이렇게 갇혀 있다' 면서 '다시 한국으로 돌아갈까봐요' 라는 얘기들을 답답하게 하고 있기도 했습니다. 더구나 아이들이 친구들한테 '이런 방법이 있어 너네도 와' 그러면서 그걸 수당으로 해서 몇 백만 원씩 대가를 받고 그렇게 해서 온 애들은 또 자기가 낸 비용을 뽑기 위해서 또 누군가를 끌어들이고 이래서 먹이사슬처럼 돼서 굉장히 서로 서로 안 좋은 상황이 됐다는 것이 슬펐습니다.

그들이 왜 탈남했는지에 대해 들으셨습니까?

박상영 네. 저는 남한에 왔기 때문에 얘네들이 행운아라 생각했고 남한에 와서는 편안하게 삶을 살 수 있겠다고 생각했는데, 얘네들이 탈북할 때보다 남한에서 더 상처받았단 얘기를 하더라고요. '탈북 과정을 들으면 이건 도대체 상상도 못하는 고통과 괴로움인데 그것보다 더 힘든 상황을 남한에 와서 겪는다는 것은 이게 도대체 뭘까' 라는 생각을 하게 됩니다. 그래서 좀 더 자세히 들어보니 대부분 말에 의한 상처들이 컸습니다. 그러니까 '어디서 왔어요?' 라고 물어보면서 이상하게 쳐다보고 비하하고 또 한국에 와있는 많은 외국인 노동자보다도 못한 대접을 당하면서 같은 동족이고 같은 민족이기 때문에 따뜻하게 해주리라는 기대가 무너지는 거죠. 그 배신감 때문에 더 큰 상처를 받게 되는 것이죠. 어떤 아이는 자기는 북한사람도 아니고 남한사람도 아니라고 분명히 얘기하더군요. 남한사람들은 깍쟁이고 그 사람들하고 경쟁해서 같이 공존할 자신도 없고 그러다보니 쉽게 다시 떠나는 것 같습니다.

한국 사회에 적응하기가 힘든 다른 이유들도 있다고 생각하십니까?

박상영 탈북자들에게서 제가 눈여겨봤던 것은 그들의 상당수가 어쨌든 필연적으로 중국을 거치는데요. 제3국을 가더라도 중국에서 몇 개월에서 몇 년 이상 머물게 되는 것이죠. 그런데 사실 중국에서 탈북자들은 모두 문화적인 충격을 겪게 됩니다. 우리는 이들이 한국에 와서 문화적 충격을 받으리라 생각하지만 이미 중국도 자본주의가 급속히 진행되고 있기 때문에 거기서 뭐 택시도 첨보고 큰 빌딩도 처음 본 친구들이 많았다고 얘기를 해요. 문제는 뭐냐 하면 중국에서 얘네들이 겪었던 자본주의가 사실 건강하지 못한 부분이 많거든요. 결과를 위해선 과정이 무시되는 천박한 자본주의에 대한 학습이 중국에서 진행되고 있다고 봅니다. 살아남기 위한 측면도 있는데 그것을 자본주의로 받아들이고 와서 한국에서도 과정보다는 결과만을 추구하다 보니까 노력하지 않고 큰돈을 만들 욕심을 품게 되고, 악순환인 것이죠. 이들에 대해서는 체제가 바뀌는 것에 대해서 적어도 2~3년 이상 끈기를 가지고 정착할 수 있도록 지켜봐주고 그때그때 실수라든지 시행착오를 우리가 용납해줘야만 이들이 이탈하지 않을 것이라고 봅니다.

통일을 대비해 탈남이라는 문제가 어떤 시사점을 주고 있다고 보십니까?

박상영 지금 탈북자들을 보면서 우리가 통일 연습을 하고 있는 것 아니겠습니까. 미리 와있는 미래의 통일 사절단들인데 우리가 분명히 해야 할 것이 있습니다. 우선적으로 우리가 상대적으로 가진 자들이고 여유 있고 넉넉한 사람들이기 때문에 집을 버리고 가족과 헤어져서 먼 길 돌아 온 사람들한테 먼저 넉넉하게 맘을 열고 조금 더 이해할 수 있어야 한다는 점을 강조하고 싶습니다. 특히 존중하면서 세심하게 배려하는 것이 필요합니다. 가난한 사람도 자존심은 있는 건데, 바나나 까주면서 '이런 것을 바나나라고 해, 먹어봐' 이러면 억장이 무너지는 것이죠. 우리가 도와주면서도 존중하며 배려하는 것들을 연습해야 하고 도와주면서도 상대방 기분 안 나쁘게 해주는 작업들이 필요하다는 것이 전제돼야 하고요. 어차피 통일을 하면 함께 살아야 할 사람들입니다. 진정한 파트너로 인정하고, 부대끼며 살기 위해서, 또 혼란을 줄이고 막기 위해서 해야 할 것이 무엇인지를 지금 남한 사회에 있는 탈북자들을 통해 미리 공부하는 소중한 기회를 가졌다고 접근하는 것이 필요하다고 봅니다.

그 언젠가 북에는 사정 가리지 않고 비가 퍼붓기 시작했다. 수령님 가시고 하늘이 노했다던 수군거림이 몇 날 계속됐고, 퍼부은 비에 작은 마을이 결딴나더니 큰 마을의 소식이 끊겼고, 도시 전체가 그리고 온 나라가 엉망이 되었다. 그렇게 계절이 바뀌고, 굶주림이 시작됐다. 몰래 숨겨놨던 식량도 떨어지고 뜯어먹을 풀들도 자취를 감춘 황량한 벌판에서 이국경은 자식들을 잃었다. 벌건 속살을 드러낸 다락밭을 파헤치며 조와 귀리의 뿌리라도 파헤치려고 애를 쓰다가 살아남은 가족들을 챙겨서 새로운 세상으로 넘어온 그였다. 이국경이 필사적으로 꿈꾸던 아메리칸 드림의 결과라기에는 너무도 허무한 종말이었다.

아메리칸 드림의 허무한 종말

●
●
●

탈북난민
이국경·홍경화 부부의 죽음

"BREAKING NEWS."

속보라는 자막이 뚜렷했다. 앵커가 전하는 뉴스에서는 사망이라는
단어가 들렸다.

"살인 사건으로 부부가 사망한 채 발견됐습니다. 경찰은 로체스터
시내 사우스 클린턴 애비뉴 자택에서 남편이 아내를 칼로 찔러 죽인
후 목을 매달아 자살한 것으로 추정하고 있습니다. 부부를 아는 이들
에 따르면 그들은 탈북난민인 이국경, 홍경화씨라고 합니다."

경찰이 현장을 조사하는 영상이 이어진 후 이웃주민인 듯한 백인의

인터뷰가 이어졌다.

"전에도 경찰이 온 적이 있어요. 아버지와 어머니가 싸우니까 자식들이 경찰에 신고해서 경찰관이 왔었죠."

화면이 사건 현장의 창문을 비췄다. 아메리칸 드림을 꿈꾸던 어느 탈북 가족의 소식은 그렇게 세상 밖으로 알려졌다.

워싱턴의 밤은 아직 쌀쌀했다. 취재진은 한국 식당에서 보글보글 끓는 김치찌개를 보며 이한석을 기다렸다. 불의 세기를 조절하기를 몇 번, 작고 다부진 눈매의 까무잡잡한 청년이 두리번거리며 식당 문을 들어섰다. 로체스터에서 비극적인 생을 마감한 탈북난민 이국경·홍경화 부부의 아들이었다.

"안녕하십니까."

"안녕하십니까."

의례적인 인사가 오갔다. 어렵게 마련된 자리였다. 몇 번의 설득을 거치는 동안 그는 매우 조심스러워 했다. 이한석은 인터뷰 요청을 한마디로 거절했다. 본인과 같은 케이스가 언론에 나가는 것이 미국으로 넘어온 탈북자들에게 안 좋은 영향을 끼칠 것 같다는 말이었다. 이유가 뚜렷했고 어투는 단호했다. 무턱대고 카메라를 들이댈 수 있는 상황도 아니었다. 더구나 이한석은 말이 짧았다. 네, 아니오 이외의 이야기를 들으려면 한참을 기다려야 했다. 사건 이후에 그렇게 됐는지 원래 어투가 그랬는지를 넌지시 물었지만 '글쎄요' 한마디가 다였다.

그는 사건 이후 워싱턴의 아는 선교사 집에 몸을 의탁하고 있었다. 잠은 그 집에서 해결하고 주로 공사 현장의 인테리어 일감을 찾아다니며 돈벌이를 하고 있다고 했다. 벌이는 나쁘지 않았다. 몸으로 하는 일의 보수가 적지 않은 나라였다. 일주일이고 열흘이고 주로 집을 짓거나 고치는 공사 현장에 파묻혀 있다가 삼사일 쉬고 다시 공사 현장을 찾아 구인광고를 뒤적였다. 찌개와 밥을 비울 때쯤 그가 지금 일하고 있는 현장일이 거의 끝났다는 것을 알게 됐다. 우리는 인터뷰는 천천히 생각해보고 우선 4~5일 정도 취재진의 다른 탈북자 취재에 차량 운전과 안내를 제안했다. 하루벌이보다 조금 더 주는 조건이었다. 다행히 이한석이 순순히 응했다. 짧은 동행이 시작됐다.

숙소에 들어와 오디오 파일을 재생했다. 이국경이 미국으로 넘어온 초기, 그러니까 몇 년 전의 인터뷰 파일이다. 입국 직후 가족이 모두 자유아시아방송(RFA)의 한 프로그램에 초대돼 대담을 나눈 적이 있었다. 기대했던 미국행이 성공한 직후여서였는지 가족 모두 목소리가 밝았다.

"고난의 행군 때에 아이들 셋 죽고 나서 나왔죠. 그러다 잡혀서 강제 북송 두 번 되고 잡혀 들어갔다가 또 나오고 또 나오고."

이국경이 탈북의 과정을 설명하고 있었다. 여느 탈북자들처럼 살기 위한 탈출이었다. 그러고는 숨 막히는 중국 생활이 시작되었다. 아이들에게 제일 미안했다며 이국경이 말을 이었다.

"중국에서는 공부를 하려면 경찰에 등록을 해야 합니다. 저희는 잡힐까봐 아이들을 학교에 등록도 못했고 그래서 공부를 못시켰습니다."

자식들을 가르치지 못한 한이 컸다. 기대에 넘쳐 활기찼던 목소리도 아이들 못 가르친 얘기, 못 먹인 얘기를 할 때면 움츠러들었다.

"숨어살 때는 먹는 것도… 참… 말해도 이해하지 못할 겁니다. 완전히 저질 식품. '눅거리' 라고 하는데, 눅거리라는 게 우리말입니다. 싸고 질이 안 좋은 걸 말한단 말입니다. 그런 눅거리들만 사먹으면서 돈을 모았습니다. 그래서 중국돈으로 1만 5천위안 정도 모았는데 그것만으로는 중국을 나올 예산이 부족했습니다."

죽음으로 끝난 아메리칸 드림

천신만고 끝에 다시 국경을 넘었다. 이국경은 처음부터 미국행을 원했다. 한국은 고려의 대상이 아니었다. 중국에서 우연히 듣게 된 라디오 방송 덕이었다. 선교사도 방송을 통해 만났다. 태국에 있는 대사관에 들어가서 "아메리카!"만을 외쳤다. 그리고 그는 미국행에 성공했다.

비행기를 타고 뉴욕에 내린 이국경의 가족을 맞이한 것은 미국행을 도운 선교사였다. 수소문 끝에 스티브라는 이름의 선교사를 만났다. 미국의 한인 사회에서 교회가 차지하는 비중은 매우 컸다. 한인교회라는 이름의 네트워크로 재미 한인들은 많은 일들을 하고 있었다. 북한의 일에 관심을 갖고 활동하는 것도 그중 일부였다. 어떤 이들은 신의 이름으로 북을 드나들며 구호 활동과 지원 활동을 했고 어떤 이들은 신의 이름으로 탈북자들을 도와 미국행을 이끌었다. 일부 교회는 복음으로 북한을 해방시키겠다며 탈북을 기획하고 실행하는 데 자금을 대기도 했다.

스티브 김은 중국에 나와서도 고생하는 탈북자들을 돕는 일에 관심이 많은 선교사였다. 성매매 업소로 팔려가는 탈북 여성들을 돕는 일을 하다가 갈 곳 없이 떠도는 탈북자들이 눈에 띄면 가리지 않고 손을 내밀었다. 은신처로 아파트를 제공해주고 얼마간의 돈을 쥐어줬다. 그의 기억에 이국경은 단단한 사람이었다. 그는 뉴욕에서 만난 이국경의 첫마디가 기억에 남는다고 했다.

"이국경씨가 저한테 하는 얘기가, 이제 여태까지 너무 감사합니다. 고맙습니다. 우리 가족들 올 수 있도록 도와주셔서. 이제부터는 선생님 돈 한 푼도 쓰지 마십시오. 이제부터 내가 벌어서 뉴욕에서 내가 스스로 자립하겠습니다."

그는 가족의 RFA 인터뷰도 주선해줬다.

"인터뷰하면서 거기서 받은 출연료가 500불이 있었거든요. 그런데 그 돈을 선교하는 데, 탈북자들 구출하는 데 보태 쓰라고 저희들한테 후원금으로 낼 정도였어요. 정말 북한사람들 중에서 드물게 생각이 깊은 그런 분이었습니다. 저한테 인상이 깊게 남은 분입니다."

재생되고 있는 오디오 파일의 목소리는 스티브 김의 증언과 일치했다.

"지금도 어렵고 앞으로도 쉽지 않을 거라 생각합니다. 하지만 우리가 중국에서 공안에 피해 다니며 살던 때와 비교하면 아무것도 아닙니다. 그때를 생각하면서 어려워도 참고 견디면서 잘 정착해야 한다는 각오입니다."

부인 홍경화는 대체로 말이 없었다. 남편을 따라 강을 넘을 때의 고생담을 말할 때도 남편한테 말을 넘기는 모습이 가부장 사회에서 살던 전형적인 북한 여성이었다. 남편이 두 번이나 중국으로 넘어갔다가 강

이국경씨 가족이 미국에 입국해 RFA와 인터뷰 하던 때 모습.
이때만 해도 이국경씨는 새로운 삶에 대한 의욕에 넘쳐 있었다.

제 북송됐을 때의 얘기를 할 때는 약간 쉰 목소리를 냈다. 그때마다 이
국경은 초죽음이 돼서 집으로 돌아왔다. 그래도 포기하지 않고 가장을
믿고 온 가족이 생사를 걸었다. 그러곤 뉴욕이었다. "라디오 출연하러
오는 길에 자유의 여신상도 보고 레스토랑에 가서 배부르게 밥도 먹었
다." "사진도 찍었다." 그런 이야기를 하면서 간혹 가족의 웃음도 터져
나왔다. 진행자는 여성이었는데 목소리는 나긋했고 따뜻했다.

"가족들이 서로 집에서 네가 할 일, 내가 할 일 없이 함께 청소도 하
고 아침에 일어나면 음식 하는 일도 도와주고 그럽니다. 참 재밌습니
다. 아침에는 밥도 하고 떡지짐도 하고 음식이 다양하고 많으니까 이
것도 해먹고 저것도 해먹고 매일 다르게 먹습니다. 북한에서는 워낙
없기도 하고 한 가지만 고정으로 먹었는데 여기서는 아이들에게 음식
을 해주는 재미도 있습니다."

로체스터는 뉴욕주 맨 끝자락에 위치한 작은 도시였다. 워싱턴에서는 차로 달려 거의 하루거리인 먼 곳이었다. 한인들도 다른 대도시에 비하면 턱없이 적었다. 일반적으로 미국행을 선택한 탈북자들은 뉴욕이나 LA, 워싱턴 같은 대도시를 선택한다. 한인교회의 도움도 받을 수 있고 하다못해 한인 식당에서 일이라도 할 수 있기 때문이다. 하지만 이국경은 한인들을 마다하고 외진 곳을 선택했다.

"이국경씨가 한국사람들한테 굉장히 거부 반응을 보이더라구요. 그래서 왜 그러냐 했더니 자기가 한국사람이랑 있으면 영어 배우는 것이 늦을 것 아니냐. 그래서 자긴 미국사람 회사에서 일하고 싶다. 거기서 영어 빨리 배워가지고 빨리 자립하고 싶다. 그런 조급함이 있었던 것 같아요."

이국경은 가장으로서의 책임감이 강했다. 북에서 가장의 의미는 남달랐다. 조선왕을 모시고 오백년을 살다가 일본 천황에게 절하기를 수십여 년. 그리고 해방 조국을 안겨줬다고 주장하는 김씨 성의 또 다른 왕을 삼 대째 섬기고 있는 나라였다. 나라 이름에는 민주주의가 담겨 있었지만 남녀의 구별을 가르치고 집안의 가장을 우선시하는 습속은 여전했고 강고했다. 이국경은 북송 후 보위부와 교화소를 오가며 차라리 죽지라는 생각을 수도 없이 하면서도 가족을 챙겨야 한다는 생각에 맞다가 지쳐 헐거워진 이빨을 앙다물었다. 두 번째 북송 때는 풀려나서 한동안 웃는 것도 우는 것도 아닌 짐승의 소리를 내며 얼마 안 되는 밥을 손으로 퍼먹을 정도로 곤욕을 치렀지만 밤새 집을 찾아가야 한다는 말을 중얼거릴 정도로 가족에 대한 애착이 강했다.

사건이 터지고 나서 인근 한인교회에서 아들을 도와 뒷수습을 했다. 장례도 치르고 인근 공동묘지에 묘비도 세워줬다. 교민들이 워낙 적은 곳이라 사건에 대해 물어볼 이도 몇 없었다. 아들과 함께 다니긴 했지만 부모의 묘지를 안내해 달라고 할 수는 없었다. 워싱턴에서 새벽밥 먹고 출발해 로체스터 시내에 들어가니 점심을 훌쩍 넘긴 시간이었다. 물어물어 묘지를 찾았다. 묘비에는 이국경과 홍경화의 사진이 작게 새겨져 있었다. 사진 속의 이국경은 입을 굳게 다물고 있었다. 귓불이 얇았고 볼은 움푹 패인 것이 얼굴에 겪어온 고생의 흔적을 쉽게 지울 수 없었다. 돌로 만든 묘비에 새긴 사진이라 흑백이었다. 이마의 굵은 주름이 도드라졌다. 홍경화는 표정이 없었다. 본시 사진 찍는 것이 익숙지 않은 땅에서 온 사람들이었다. 역시 얼굴색을 뺀 묘비 속의 홍경화는 말없이 허공을 응시하고 있었다. 카메라 뷰파인더에 비친 그

이국경 부부의 장례식 모습. 살고자 넘어왔던 땅에서 꾸던 아메리칸 드림이 이렇게 끝났다.

들의 모습에선 RFA 인터뷰에서 느낄 수 있었던 기대와 각오를 찾기 힘들었다. 두 번이나 강제 북송당하고도 가족을 살리겠다며 또다시 강을 건넜던 가장과, 가장을 믿고 고비를 넘겨가며 따라나섰던 아내는 죽음과 몇 번을 맞닥뜨렸는지 모른다고 했었다. 하지만 죽음은 뜻밖에 두만강이나 중국의 동북, 라오스 국경지대가 아닌 지구 반대편 뉴욕주의 묘비에 몇 년 몇 월 며칠로 새겨졌다.

늙은 수컷의 비애

워싱턴 곳곳의 공사 현장을 다녀서 그런지 한석은 지리에 밝았다. 취재진은 그의 차를 얻어 타고 다녔다. 마쯔다 차량이었는데 모델을 알 수 없을 정도로 낡은 차였다. 그래도 그는 운전대를 잡을 때는 흥거워 보였다. 하루이틀이 지나고 끼니를 같이 하게 되자 짧았던 말투가 조금씩 늘어났다. 그는 신분이 중요하다는 말을 가끔 했다.

아침에 워싱턴 시내를 달리다 보면 주로 히스패닉으로 보이는 사람들이 길가에 주욱 서 있곤 했다. 혼자 서 있는 사람도 있었고 서넛씩 무리를 지어 시시덕거리고 있는 사람들도 있었다. 한석은 그들이 맥시코나 중남미에서 몰래 미국으로 넘어온 사람들이라고 알려줬다. 일종의 인력시장이었다. 이사나 큰 짐을 옮기는 일손이 필요할 때 미국인들은 이렇게 히스패닉들이 모여 있는 거리를 지나며 흥정을 해 사람들을 태우고 갔다. 하루 정도 막일을 하면 일의 종류에 따라 십 불도 주고 백

불도 췄다. 불법체류자들이라 주는 대로 받을 수밖에 없었다.

"저 사람들 신분이 없어서."

거리를 지나면서 그런 사람들을 볼 때마다 한석은 중얼거렸다. 중국에서 이미 한석이 몇 년간 겪었던 일이기도 했다. 멍하니 앉아서 담배를 피우고 있거나 신문의 퍼즐을 풀고 있는 그 사람들을 보는 한석의 시선은 묘했다. 일단 입국과 동시에 신분을 획득해 일하고 있다는 자부심인 것 같기도 했고 동병상련을 겪고 있는 사람들을 보는 안쓰러움 같기도 했다.

취재 중에 점심은 주로 햄버거로 때웠고 저녁에는 꼭 한식을 먹었다. 한석은 가리지 않았다. 오히려 취재팀을 만나고 며칠 굉장히 잘 먹고 있다고 했다. 일주일에 두 번은 야간 고등학교를 다니고 있기 때문에 저녁을 거르거나 빵 한두 조각으로 대충 넘기기 일쑤였는데 오히려 페이도 좋고 밥도 잘 먹고 다닌다며 이쪽 일을 정기적으로 할 수는 없겠냐고 너스레를 떨기도 했다. 하지만 부모님 이야기를 슬며시라도 해볼라치면 입을 굳게 다물었다. 표정은 눈에 보일 정도로 굳어졌다. 얘기하지 않기로 하지 않았냐는 표정이 역력했다. 로체스터 정착 후에 부모가 무슨 일을 했는지라도 들으려 했지만 허사였다.

스티브 김 선교사는 이국경이 로체스터에 정착한 이후로도 가끔 연락을 주고받았다.

"생선가게에서 일하기도 했고 막일을 하기도 했던 것 같은데 일을 자주 그만두더라구요. 그래서 걱정을 좀 했는데…. 생선가게 며칠, 그 옆에 한인식당 며칠 이런 식이고, 막일을 하다가는 말이 안 통한다고 또 그만두고."

이국경은 스티브에게 벨이 꼴려서 일을 못해먹겠다는 말을 하곤 했다.

"그래서 일하는 데서 얼마 안 돼 나오고 나오고 하니까 그 다음엔 일할 데가 없잖아요. 그래서 아버지는 제대로 일을 못하고 주로 일하는 사람은 어머니하고 아들이었어요."

늙은 수컷의 비애라는 실험이 있다. 침팬지에게 일정 기간 먹이를 주다가 먹이 주는 방식을 바꾸는 실험이다. 먹이를 주는 새로운 방식에 가장 빨리 적응하는 침팬지는 젊은 암컷이다. 그리고 젊은 수컷, 늙은 암컷의 순서대로 적응을 한다. 하지만 늙은 수컷은 굶더라도 마지막까지 기존의 방식대로 먹이를 달라고 운다고 한다. 무슨 이유인지 배가 고파도 끝까지 먹지 않겠다고 고집을 부리는 늙은 수컷의 비애가 실험의 결과였다.

이국경은 의지가 강했지만 적응이 더뎠다. 적응이 더딘 만큼 그는 고립돼 갔다. 고립되는 만큼 의심도 커져갔다.

"전화 있잖아요. 전화사용료가 나오면 보통 한 달 이후에 한 달 전 사용했던 것의 지불청구서가 들어오는데, 이분이 분명히 이번 달까지 돈을 내라고 해서 자기가 돈을 내고는 전화를 끊어버렸는데 또 전화비가 청구됐다고 분통을 터뜨린 적이 있어요. 이런 시스템을 이해 못하는 거죠. '아니 이놈들이 우리를 속이려고 한다', '우리가 탈북자라고 괄시하고 이놈들이 우릴 속여서 그냥 바가지를 씌운다' 이런 이야기를 한 적도 있어요."

스티브 김은 이국경의 일을 이야기하다가 탈북자들이 가지고 있는 상처를 캐치했어야 한다고 자책했다.

"그분이 정상적 삶을 산 것이 아니었는데, 이제 좀 느껴지는데 그 당시에는 그걸 전혀 눈치 채지 못했죠. 나라를 버리고 나와서 중국에서 매일 밤마다 붙들려 가진 않을까, 강제 송환될까봐 벌벌 떨며 그러한 불안, 초조함, 고통 가운데 있다가 미국으로 온 분들인데 마음 상태가 과연 온전했겠는가 하는 거죠."

아내와 아들은 꾸준히 일을 했다. 홍경화는 식당일을 하며 생계를 유지했고, 한석도 이곳저곳에서 아르바이트를 했다. 이국경은 가족이 일을 하는 동안 술을 마시는 경우가 많아졌다. 자연 다툼도 늘었다. 하루이틀 쌓이면서 목소리가 격해지고 날이 서는 날이 많아졌다. 이즈음에 스티브 선교사와의 연락도 뜸해져 갔다.

"아버지와 아들이 서로 싸웠단 얘기도 들리고. 근처 교인 중 한 분이 가족이 싸웠는데 피까지 흘렸다는 얘기를 전해준 적도 있고."

얼마 후 스티브는 아내가 남편에게 "그럼 이혼하자"고 했다는 얘기를 들었다. 그리고 이국경은 급작스러운 뉴스를 통해 소식을 전했다.

"자기만 완전히 홀로 따돌림 받는 것 같고 아내는 아내대로 못살겠다고 하고. 그러니까 그분이 좀 그렇잖아요. 벨이 꼬인다고 할 정도로 아주 순간적 기질이 있잖아요. 그러니까 부엌에 가서 칼을 가져와 찌른 것 같아요. 그리고 아내가 죽어가니까 본인 자신도 자살하고…."

경찰의 보고서에는 어머니가 피를 흘리며 바닥에 누워 있는 것을 아들이 발견하고 911에 신고했다고 적혀 있었다. 바로 경찰이 현장에

도착했고 다락방에서 목을 맨 이국경을 찾았다. 병원으로 바로 이송했지만 그날 밤 사망선고가 내려졌다. 한석은 경찰 조사에서 "부모님이 식료품을 사러 함께 갔었는데 집에 돌아왔을 때 어머니가 그날 쓴 돈 때문에 언짢아했다"고 증언했다.

그 언젠가 북에는 사정 가리지 않고 비가 퍼붓기 시작했다. 수령님 가시고 하늘이 노했다던 수군거림이 몇 날 계속됐고, 퍼부은 비에 작은 마을이 결딴나더니 큰 마을의 소식이 끊겼고, 도시 전체가 그리고 온 나라가 엉망이 되었다. 그렇게 계절이 바뀌고, 굶주림이 시작됐다. 몰래 숨겨놨던 식량도 떨어지고 뜯어먹을 풀들도 자취를 감춘 황량한 벌판에서 이국경은 자식들을 잃었다. 벌건 속살을 드러낸 다락밭을 파헤치며 조와 귀리의 뿌리라도 파헤치려고 애를 쓰다가 살아남은 가족들을 챙겨서 새로운 세상으로 넘어온 그였다. 이국경이 필사적으로 꿈꾸던 아메리칸 드림의 결과라기에는 너무도 허무한 종말이었다.

아메리칸 드림을 꿈꾸며 미국으로 넘어온 또 다른 탈북자들을 찾아다니기를 며칠. 한석과 헤어질 시간이 되었다. 인사를 주고받았다. 마지막으로 한마디 안하겠냐고 묻자 한석이 입을 열었다.

"제 케이스는 별로 좋은 케이스가 아니라 알리고 싶지 않습니다. 이런 이야기가 나가면 또 북한에 선전물이 될 수도 있고. 북한에서 나온 사람들에게 좋은 일은 아니잖습니까?"

북에 가고 싶냐는 질문에 한석이 답했다.

"언젠가 놀러는 가고 싶습니다. 하지만 살러는 절대로 안 갈 겁니다. 여기가 좋습니다."

내일부터는 다시 공사 현장에서 일을 한다고 했다. 이미 신문 구인 광고를 뒤져 일할 곳과 통화를 한 모양이다. 떠나는 취재진을 향해 손을 흔드는 한석의 얼굴에서 그제야 그 나이 때의 천진함이 잠깐 보였다. 며칠 동안 나누었던 부모의 일과 조국의 일처럼 어두운 날보다 이 땅에서 땀 흘리며 살아갈 날이 몇 곱절은 더 남은 한석과는 그렇게 작별했다.

미국의 북한인권법과 아메리칸 드림

•
•
•

국경을 넘어 중국을 헤매다가 미국으로 오는 탈북자들은 크게 두 부류로 나뉜다. 미국의 북한인권법에 따라 합법적으로 입국하는 경우와 멕시코, 캐나다 등을 경유해 밀입국하는 이들이 그것이다. 북한인권법은 2004년 공화당 정부에서 제정되었다. 부시가 법안에 서명했다. 북한 주민의 인권 신장, 북한 주민의 궁핍 지원, 탈북자 보호가 주요 내용이다. 이 법으로 탈북자들의 합법적인 미국 망명이 시작되었다. 원래 난민 지위를 얻으려면 정치적인 이유가 있어야 한다. 하지만 탈북자들은 배가 고파서 나라를 떠났고, 이것은 경제적인 이유로 간주되기 때문에 난민 지위를 받기가 어려웠다. 하지만 미국 의회에서 북한인권법을 통과시키면서 먹고 사는 이유로 나라를 등진 탈북자들이 미국으로 올 수 있는 길이 열렸다.

워싱턴의 전종준 변호사는 탈북자 문제에 관심을 갖고 활동하는 한인 중 한 명이다. 그를 찾아 현황을 물었다.

"북한인권법이 통과된 후 약 7년 동안 130명이 미국에 들어왔습니다."

그는 많다면 많고 적다면 적은 미국 내 합법적인 탈북난민의 숫자부터 얘기했다.

"태국을 비롯한 동남아 등지의 미국 대사관에서 난민 심사를 받아서 통과가 되면 미국에 입국할 수 있습니다. 미국에 입국하면 도착하자마자 준영주권자 신분이 되어 취업증도 나오고 미국 내에서 합법적으로 생활하는 데 아무 문제가 없습니다. 입국한 후 일 년이 지나면 정식으로 영주권 신청을 할 수 있고, 영주권을 받으면 미국 내에서 영구히 체류할 수 있는 합법적인 신분이 됩니다."

국제 사회는 도덕보다는 힘의 논리가 통하는 현실 사회다. 힘의 사회에서 초강대국 미국의 합법적 신분, 시민권은 탈북자들뿐 아니라 인생을 바꾸고 싶어 하는 많은 이들이 갈구하는 대상이다. 우리만 봐도 원정출산에 불법체류에 아직도 미국민 신분을 원하는 사람들이 많음을 부인할 수 없다. 미국 보수 세력의 북한에 대한 강경한 입장이라는 미국 내 정치 상황의 부산물이긴 하지만 어떤 탈북자들에게는 이만한 동아줄이 없을 터였다. 하지만 미국은 유럽처럼 집도 알선해주고 생활비도 보조해주는 복지를 제공하지는 않았다.

"미국에 올 때 비행기를 타고 오는데 그 비행기값이 보통 한 700~800불 정도 됩니다. 그런데 그게 공짜가 아니라 매달 본인이 돈을 벌어서 30불씩, 한 달에 30불씩 미국정부에 갚아야 한다고 합니다. 그러니까 미국은 탈북자들에게 지원금을 넉넉히 주는 것이 아니라 스스로 자립할 수 있을 정도로만 도와주고 있는 것 같습니다."

한국을 경유해 미국으로 가는 경우도 있었다.

"탈북자가 한국에 정착했다가 미국에 망명을 신청했다면 한국정부로부터 박해받을 가능성을 증명해야 합니다. 따라서 북한에서 동남아의 미대사관을 거쳐 곧장 온 탈북자보다는 망명 신청이 더 까다롭습니다."

전 변호사에 따르면 2006년에 48명이 한국 국적을 가지고 미국에서 난민 신청을 했는데 단 한 명만 받아들여졌다고 한다. 서재석이라는 이름의 탈북자가 미국에서 망명에 성공했다는 소식은 한동안 국내에서도 화제였다. 그는 남한 사회의 차별과 냉대를 주장했다. 초등학교 1학년이던 아들이 교사에게 폭행을 당했고 이를 확인하려던 자신도 교사에게 탈북해서 공짜로 남한에서 얻어먹는 주제 운운하며 무시당했다는 것이다. 그리고 미국 로스앤젤레스 이민법원에서 망명 허가를 받았다.

남한 국적을 얻었지만 남한 국민이 아니었다고 주장해 미국행에 성공한 그에 관한 소문이 퍼지면서 많은 탈북자들이 미국행 비행기표를 끊었다. 이렇게 넘어온 수많은 탈북자들은 난민을 신청하고 눌러 앉았다. 한국 여권을 가지고 있으면 북한인권법의 대상이 되지 못한다. 백수십여 명이야 이미 동남아에서 미국 영주권을 획득하고 넘어왔지만 그 몇 배나 되는 이들은 기약 없는 미국 생활을 시작해야 했다.

그들 중 일부는 꾀를 내 망명 신청을 하고 법원에 내는 증거를 질질 끌었다. 이들을 돕는 변호사들이 "증거를 구하는 데 시간이 필요하다", "준비가 안됐다" 하면서 재판을 계속 늘렸고, 법원은 몇 개월에서 1년까지도 연장을 해줬다. 이렇게 10년째 재판을 하고 있는 이가 있다는 소문도 있었다. 재판 중이면 추방을 면할 수 있었다. 망명 신청 6개월 후에는 노동 허가 신청을 할 수 있으니 불법체류보다는 나은 조건에서 일을 할 수 있다는 점을 노린 것이었다. 이런 꾀도 부릴 재간이 없는 사람들은 그냥 불법체류자로 눌러 앉았다. 수는 파악되지 않고 가늠할 수도 없었다. 'LA에 수백 명이 있다더라', '뉴욕 어디 가면 수십 명이 모여산다더라', '남부 애틀란타로 몰려간다더라' 같은 소문만 무성했다.

　미국 하원 외교위원장인 에드 로이스 의원은 북한인권법을 주도한 인물이었다. 한인들이 많이 사는 캘리포니아주가 기반이라 한국 문제에 대해 관심이 많았다. 그는 취재진을 만나 북한인권법을 통해 탈출한 북한 난민들을 지원할 수 있는 구조를 만드는 것 외에도 중국 정부를 압박하는 효과를 기대하고 있다고 밝혔다. 미국이 탈북자들을 난민으로 인정하는 것이 탈북자 문제는 난민 문제가 아니라 북한 내부의 문제라는 입장을 고수하고 있는 중국 정부에 대한 압박이 된다는 것이다. 그는 한 단계 더 나가 북한난민입양법(North Korea Refugee Adoption Act)을 추진하고 있었다.

　"우리는 입양을 원하는 미국인 부모들에게 탈북 고아들의 입양을 허용하는 프로그램을 설립하도록 국무부에 지시를 할 수 있다."

세상에 마땅히 자리할 곳이 없는 탈북 아이들에 대한 처우를 더 인도적이고 용이하게 만드는 다른 조항들도 다룰 것이라며 그는 탈북한 아이들이 무국적 고아임을 강조했다. 그의 의도대로 북한인권법이 중국까지 포괄하는 큰 그림을 그리는 데 성공했는지는 더 따져봐야 하겠지만, 탈북자들의 선택지에 미국행이라는 보기가 새로 생긴 것은 분명했다.

같은 동포의 나라를 꿈꾸던 탈북자들에게 아메리칸 드림이라는 또 하나의 목표는 솔깃했다. '원쑤의 나라 미국'은 그렇게 탈북자들에게 다가왔다. 미국에 대한 환상에는 한국으로 넘어가봐야 먹고 살기 힘들다는 그들만의 입소문도 한몫했다. 탈남 하기 전 스스로 남한을 버린 것이었다.

아메리칸 드림을 좇는 사람들

•
•
•

세 모녀의 여정이 담긴 식탁

미국의 수도 워싱턴의 내셔널몰 서쪽 끝에 있는 기념탑에서 만나기로 했다. 크고 높은 흰색의 탑이었다. 탑 주위를 빙 둘러 성조기가 펄럭이고 있었다. 어림잡아도 수십 개가 넘어 보이는 성조기였다. 높이가 169m로 세계에서도 손꼽히는 구조물이었고 밑에서 보는 성조기의 크기도 웬만한 사람 키보다 커보였다. 한낮의 태양이 뜨거웠고 탑은 시계바늘 마냥 그림자를 움직였다.

굶어죽거나 뿔뿔이 흩어지거나

그 그림자 사이로 검은머리 자매가 손을 잡고 걸어오는 것이 보였다. 정윤주와 그의 동생이었다. 나이는 많지 않아 보였다. 특히 동생은 어린 티가 났다. 윤주는 언니라서 의젓한 모습을 보였다. 어머니까지 세 모녀가 같이 미국에 들어와 함께 살고 있다고 했다. 가족들이 살아남은 가족의 전부였다. 원래 할머니에 형제도 많았지만 다른 이들이 그렇듯 굶어죽거나 뿔뿔이 흩어졌다. 배급이 줄어들던 것이 시작이었다. 점차 굶주림은 사람들을 말리고 쥐어짰다. 사정을 잘 아는 이웃들이 먼저 서로의 식량을 훔치는 도둑이 됐다. 도둑을 잡던 안전원과 군대들이 뒤를 따라 도둑이 됐다. 안전원들이 떼로 몰려다니면서 식량이 있는 곳을 털었다. 떼강도였다.

윤주 아버지와 어머니는 국경을 넘어 중국에서 식량을 구했다. 그때만 해도 국경을 넘는 이들이 많지 않을 때였다. 잠시 넘어가 안면이 있던 조선족들에게 식량을 융통해오곤 했다. 고향은 무산이었다. 철광으로 유명한 도시였다. 강이랄 것도 없는 개울물이 국경이었다. 밤에 잠시 넘어갔다 오기에 좋았다. 불빛도 없이 몸의 감각에 의지해 산길을 걸었다.

그렇게 식량을 구해오던 어느 날 밤이었다. 깜깜한 밤이라 사람들이 앞에서 오는지도 몰랐다. 그 사람들도 마찬가지였다. 서로 놀래 부딪힌 다음 보니 그들은 사복을 입은 안전원들이었다. 국경을 헤매며 식량을 사냥하는 들짐승떼와 다름없는 무리들이었다. 들춰 맸던 식량을 던지고 죽을힘을 다해 뛰다보니 남편이 보이지 않았다. 숨이 턱에 막혀 집에 들어온 그 밤에 결국 남편은 오지 않았다. 이튿날도 그 이튿날도 소식이 없었다. 열흘이 훌쩍 지난 어느 아침에 통지서를 들고 윗마을 반장이 찾아왔다. 아무개가 국경을 넘다가 붙잡혀갔는

미국 워싱턴에 펄럭이는 성조기 아래서 만난 탈북자. 윤주, 윤지 자매.

데 호송 도중에 중국으로 다시 도망가는 것을 자기네가 총으로 쏴서 죽였다는 내용이 다였다. 그렇게 윤주 가족은 남편을, 아버지를, 가장을 잃었다.

바람에 펄럭이는 성조기 밑에서 검은 생머리가 함께 날렸다. 공원에 산책 나온 의좋은 자매의 모습 그대로였다. 하지만 여기에 서 있기까지의 사정을 조금이라도 알게 되면 성조기 밑의 탈북자는 문자 그대로 묘한 조합이라고 느낄 것이다. 윤주는 둘째 딸이다. 위로 언니가 있었다. 언니는 식량을 해결하겠다고 국경을 넘었다가 영영 돌아오지 못했다. 윤주는 그때 일을 생생히 기억하고 있었다.

"안전원이 집에 와서 '이 아주머니가 딸을 중국에 팔아먹었대요' 라고 하더라구요."

안전원은 우리의 경찰쯤 된다. 무서운 것은 안전원 옆에 무표정하게 서 있던 보위부원이었다. 이미 남편이 국경을 넘다가 처형됐다고 마을에서 대놓고 손가락질 당하고 있던 터였다. 하지만 윤주 어머니도 그때는 눈에 보이는 것이 없었는지 보위부원과 안전원의 멱살을 잡았다.

"남편이 당에 얼마나 충실했는데…. 당만 믿고 의지하고…, 어떻게…. 그래도 햇빛 비칠 날이 있겠지 하고 믿고 살았는데…."

남편을 잃고 자식의 소식이 끊긴 여자가 악을 썼다. 악을 쓰다가 목소리가 갈라졌다. 어린 윤주의 눈에 전혀 다른 모습의 어머니였다. 한을 토해내다 지쳐 쓰러져 버둥대는 몸짓이 사람이라고 보기 어려웠다.

"내가 예전에 보고했지 않습니까. 울면서 돌아다니는 것 봤잖습니까. 그리고 내가 딸 팔았다면 돈 땜에 팔았겠죠. 그럼 그 돈이면 지금 애들이 저렇게 다 굶어 쓰러져 있는데 저 애들은 왜 굶어 저 모양이겠습니까. 내가 돈이 있으면 애들 살리고 잘 살고 있어야 하지 않습니까. 왜 뻔히 보면서 뭉개고 후벼 팝니까."

울음은 처절했고 몸짓은 사나웠다. 꼬투리를 잡아 실적을 챙기려던 안전원과 보위부원은 얼굴을 찡그리더니 이내 모습을 감췄다. 그들이 가고도 어머니는 한참을 엉엉 울었다. 산 중턱에 울음이 울리다 차고 넘쳐 흘렀다. 허기에 지친 뱃가죽이 늘어져 등에 붙어 지칠 법도 했는데 울음은 오랫동안 멈추지 않았다.

윤주가 차를 가지고 왔다. 근처에 집이 있다고 했다. 얻어 타고 집에 가보기로 했다. 차가 없으면 살기 힘든 나라에 왔으니 당연한 일이었지만 처음에는 몹시 낯설었다. 키를 꽂고 시동을 걸고 발에 힘을 주는 모든 것이 신기했다.

"짐차나 트럭차가 지나가면 애들이 뒤쫓아가서 잡고 있고 신기해서 그랬는데. 지금 제가 차를 타고 다닐 줄은 몰랐죠. 어머니는 더 신기해해요. 북한에 있을 때나 중국에 있을 때나 상상도 못하던 일이라서."

잠깐 속력을 내는 가 싶던 차가 이내 4층짜리 주택단지가 보이자 속력을 줄였다. 야트막한 언덕에 집들이 늘어서 있었다. 내리막으로 내려가야 했다. 건물의 2층이 윤주의 집이었다. 윤주가 문을 열었다. 어머니가 기다리고 있었다. 눈매가 강했다. 사나운 듯도 했고 슬픈 듯도 했다. 다리가 불편해 보였다. 천천히 걸었는데 걸음을 옮길 때 허벅지에 힘이 들어갔다. 거실에 작은 태극기와 성조기 모형이 있었다. 교회의 도움으로 미국으로 넘어 온 가족이었다. 커다란 십자가도 보였다. 십자가 옆으로 세 모녀가 찍은 사진이 있었다. 북에 있던 가족사진은 챙길 엄두를 내지 못하고 집에서 나왔다. 북에서 사진을 찍을 때만 해도 가족이 여럿이었다. 하지만 십 수 년 만에 많은 것이 변했다. 그동안 삶에는 생각지도 못했던 한이 켜켜이 쌓여갔다. 딸 둘만 남기고 자식들을 모두 잃었다.

"고난의 행군이 한창이었어. 해산해서 다섯째를 낳았는데 아들이었어. 그 아들도 결국은 큰딸 찾으러 갔다가 젖을 못 먹여 굶어죽었고. 큰딸은 영영 소식을 듣지 못했고. 이렇게 중국 갔다 올 때 다섯 살짜리 아들이 있었는데, 남의 집에 맡겨놓고 잠깐 중국 갔다 와서 데리러 갔더니 아들 없다고, 죽었다고 하더라고."

집에는 시어머니가 있었다. 늙어 비틀어진 허리를 추슬러 산나물을

따러 다녔지만 허기로 거동이 불편했다. 산나물을 장마당에 파는 것은
윤주 몫이었다.

"윤주가 그때 8살인가 7살이었는데. 왕복 60㎞ 시장을 밤이고 낮이
고 다녔어요. 요만한 애가 무거운 산나물 매고 팔아서 겨가루 같은 것
사오고 송치가루 얻어오고 했는데. 그거라도 조금이라도 사오면 거기
다가 쑥 삶은 거를 버물버물 해서 잡수라고 드렸는데. 여름 내내 걷지
도 못하면서 허리는 다 굽고, 앞에 목에다 보자기 끼고 이렇게 쑥 뜯다
가 지쳐서 쓰러지고 쓰러지고."

여름 내 겨가루에 쑥 버무리를 해 버티던 시어머니는 그해 가을을
넘기지 못했다. 윤주 어머니는 그 가을 농장 밭에 나가서 버려진 감자
를 주웠다. 잘 뒤지면 겨울에 얼고 봄에 녹아서 썩은 감자들이 몇 알 있
었다. 주어다가 흙을 씻었다. 껍데기 안에 붙어 있는 전분이라도 먹을
요량으로 보자기에 싸서 가마에 푹 쪘다.

"손가락만한 거 네 알 드렸는데. 떡처럼 껍질이 시커매가지고 그래
도 그거라도 챙겨드리고, 밭에서 뭔 나물인지도 모르겠는데 그걸 뜯어
다가 멀건 물에 소금도 없이 삶고, 간장이나 된장 본 지는 오래 됐고
해서 맹물에다가 그것만 삶은 걸 한 공기 드리고 감자를 네 알 잡쉈는
데…."

새벽 볕이 들어올 때 시어머니는 환하게 웃고 있었다. 얼마 만에
보는 웃음인지 몰랐다. 방문턱에 머리가 떨어져 있었고 손은 배 위에
가지런히 올려놓고 있었다. 무섭지도 슬프지도 않았다. 이를 악물고
산에 묻고 나니 힘이 빠져 주저 않았다. 그때서야 눈물이 났다. 눈물이

마를 때까지 서러워했다. 해가 넘어가고 나서야 산에서 내려올 수 있었다.

기장 한 주먹으로 굶어죽을 고비를 넘기고

굶주림은 혹독했다. 애어른을 가리지 않고 사람들을 거둬 갔다. 어린 윤주 자매도 예외는 아니었다. 부모가 식량을 구하러 정신없이 나다니는 사이 아이들은 집에서 반은 굶고 반은 허기를 달래가며 여러 날을 버텼다. 며칠을 비웠다가 집에 들어가 보니 윤주와 윤지가 방에서 제일 찬 데에 엎드려 있었다. 아이들 얼굴이 시뻘겠다.

"시뻘게가지고 바닥에 엎드려 있는데 그냥 착 붙은 거야. 맥을 탁 놓고 그러니까 죽기 직전이 온 거야. 배고프니까. 근데 우리 애들이 너무 착했어요. 마음이 어지고 그러니까 배고파도 배고프단 말을 안 해. '어머니 배고프니까 밥 주세요' 하고 떼를 쓰거나 울거나 이게 없었어요."

허기에 진이 빠진 아이들이 시뻘겋게 열이 올라 엎드려 있는 것을 보고 윤주 엄마는 어찌할 바를 몰라 했다. "사느라 그러는가 힘이 없어 그러는가" 윤주 엄마가 중얼거릴 때 아랫마을 인민반장 할머니가 집에 들렀다.

"그 할머니가 우리 애들을 보더니 얼굴빛이 변하더라고. 노인들은 알잖아요. 아이고, 큰일 났다 그러더라구요."

인민반장 할머니는 이제 비어버린 위가 마찰이 되면서 열이 나는 거라고 이렇게 되면 마지막이라고 윤주엄마를 재촉했다. 배고프다 못해 열이 너무 심하게 나면 이제 숨이 넘어가는 때라고 팔을 잡아끄는데 아이들에게 먹일 것이 좁쌀 한 움큼도 없었다. 말랐던 눈물이 다시차올랐지만 식량을 구하러 더 이상 다닐 곳도 다닐 기력도 없이 머릿속이 하얗게 됐다. 혀를 차던 인민반장이 너무 안됐다 싶었던지 윤주를 데리고 갔다.

"자기는 농장원이니까 개인 농사했던 기장 같은 것이 있데요. 거기에다 옥수수를 조금 줄 테니까 빨리 죽을 쒀서 애들 먹이라고…."

윤주와 윤지는 그렇게 살았다. 삶과 죽음의 경계가 얼마간의 잡곡에 달려 있었던 때였다. 말을 잇던 윤주엄마가 왼쪽 다리를 양손으로 들어서 위치를 바꿨다. 몹시 불편해 보였다. 앉을 때도 빨리 못 앉는다고 말했다. 윤주 엄마는 미국으로 와서 간병 도우미를 하며 생활을 꾸렸다. 요양원에서 생활하는 미국 노인들의 수발을 드는 일이었다. 하지만 그들보다 윤주엄마가 수발을 받아야 할 입장인 것 같았다.

"두 번째 잡혔을 때인가 세 번째 잡혔을 때인가, 좀 많이 맞았어요. 손가락이 구둣발에 사정없이 뭉개지니까 이게 살아있는 몸 같지가 않고 그냥 벌레가 밟히는 그런 느낌이 되더라구요."

잡혀서 맞는 것은 중요치 않았다. 중국에 가서 벌거나 융통한 돈뭉치를 어떻게든 지켜야 했다. 중국에서 잡혀 끌려오거나 국경을 넘다가 잡힌 사람들은 한 곳에 모았다가 호송했다. 그곳에서 옷을 다 벗기고 몸을 샅샅이 뒤졌다. 호송 가기 전 윤주엄마의 초라한 몰골을 본 보안원이 혀를 차며 몸에 뭐 중요한 것이 있으면 빨리 감추라고 넌지시 알려줬다. 돈은 생명줄이었다. 애들 먹일 식량도 사야 했고 무슨 일이 생기면 보위부원들에게도 얼마간 떼줘야 살 수 있었다. 눈치를 챈 윤주 엄마는 화장실에 가고 싶다고 손을 들었다.

"화장실에 들어갔는데. 제가 이 돈을 살려야 되는데. 왜 나 혼자면 괜찮아요. 그런데 애들까지 살려야 한다고 생각하면 애들을 위해서 뭐든지…. 목에 걸리는지 넘어가는지 그냥 꿀떡 넘겼는데, 그게 꽤 컸어요. 네모 낳고. 그런데 바쁘니까 그랬는지 그게 목에 걸리지도 않고 어떻게 꿀떡 잘 넘어갔어요. 그때 참 신기했어."

호송되어 끌려간 곳에서는 똥 눌 사람들을 한 번에 모아서 싸게 했다.

"'야, 니네. 똥 눌 사람 누구야 이러는 거예요.' 그러면 손 든 사람들을 불러내서 공동으로 일렬로 앉아서 싸게 해요. 뭐 인간으로서 수치고 뭐고 없이 도랑 같은 것 하나 파놓고 거기에 주욱 늘어서 앉는 거지요. 그러고 나면 보위부원들이 그걸 퍼내가지고 땅바닥에 펴요. 똥 싸면 삼켰던 돈 같은 것들도 같이 나오잖아요. 보위부원들은 그걸 건져서 또 씻어서 쓰고. 그래서 많은 돈을 건졌다고 하더라구요. 남자들 같은 경우는 못 참는 거예요. 여자들은 어떻게든 악을 쓰고 참는데."

어떻게든 참고 나중에 똥을 싸서 돈을 건져야 했다. 그래야 밖에 나가면 애들도 찾을 수 있고 애들을 먹일 수 있으니까.

어쨌든 세 모녀는 살았다. 목숨은 질겼다. 살아서 강을 건넜고 살아서 대륙을 가로질렀다. 동남아 국경을 넘으면서도 살았고 지금은 태평양을 건너와 살고 있다. 윤주와 윤지가 가방을 챙겼다. 학교 수업이 있다고 했다. 낮에는 일을 했고 밤에는 공부를 했다. 우리로 치면 야간 중학교쯤 되는 곳이다. 윤주는 동생이 똑똑하다고 자랑을 했다. 같이 시작했는데 자기보다 훨씬 빨리 진도가 나간다는 것이었다. 북에서는 학교를 다니지 못했다. 한글을 뗄 무렵부터 학교에선 선생도 학생도 뿔뿔이 흩어져 살길을 찾아 떠났다.

"중국에 있을 때 너무 공부하고 싶었는데 호구가 없어서 중국 소학교를 오래 다닐 수 없었어요."

호구는 중국의 신분이었다. 학교에 나간 지 6개월쯤 되면 교사들이 호구를 빨리 가져오라고 재촉을 했다. 이제 곧 가져올 것이라 얘기하면서 미루고 미뤄도 6개월 이상을 미루지는 못했다. 그렇게 학교를 두어 번 옮겨 다니다 말았다. 1년을 채우지도 못한 배움이었다. 가방에 책을 챙겨 넣고 중학교로 향하는 윤주는 벌써 스물을 훌쩍 넘는 나이였다.

엄마만큼은 아니었지만 윤주도 중국에 있다가 잡혀서 한번 북송됐었다. 중학생 나이 때였다. 그때를 윤주는 생생히 기억하고 있었다. 보위부 호송 트럭에서 내리자마자 뭔지 모를 둔탁한 것들에 사정없이 맞았다. 보위부원들은 애, 어른을 가리지 않고 쌍욕을 해댔다. "너희는 개라고 생각해라.", "너희는 짐승이다."를 반복했다. 장군님의 은혜를 입고 조국땅에 태어나서 나라를 배반한 죄를 계속 중얼거렸다. 어린 윤주 옆에서 쪼그려 뛰기를 하다가 각목에 머리를 얻어맞은 한 사내는 머리가 터졌는지 계속 피가 흘렀다. 물같이 줄줄 흘렀지만 때리는 사람도 맞는 사람도 뭐에 홀린 사람처럼 쪼그려 뛰기를 하고 몽둥이를 휘둘러 대던 광경이 사진처럼 선명했다. 윤주는 캄캄한 방에 갇혔다.

제3장 _ 아메리칸 드림을 꿈꾸는 탈북자들

무서워서 노래를 불렀다. 가끔 문이 열리고 누군지는 모르겠지만 바닥에 뭘 뿌렸다. 더듬더듬 만져서 모아보면 옥수수 구운 알갱이였다. 어린 윤주는 그렇게 3일간 옥수수 한 개를 받아먹으면서 살아 나왔다. 머리가 터졌던 그 사내는 결국 나오지 못한 것 같았다. 얼마 후 윤주는 어린 동생을 데리고 어머니와 함께 다시 강을 넘었다. 정신없이 걷다가 날이 밝자 너른 밭이 먼저 눈에 들어왔다.

윤주가 1년 동안 개들을 미워한 이유

"두만강을 딱 건너서 올라가니까 호박 밭이 있고 그 옆으로 옥수수가 널려 있었는데, 옥수수가 두 이삭씩 달려 있고 키가 엄청 크더라구요. 그래서 그거 보는 순간에 드는 생각이, '세상에 이렇게 많은 호박이며 옥수수를 사람들이 왜 안 가져갔을까', '여긴 도둑질 하는 사람이 없는가', 그 생각을 하다가 너무 배가 고파서 호박을 하나 따가지고 돌로 깨서 생호박을 먹었어요."

먹을 것이 없어 나선 길이었다. 처음에는 어딜 가도 먹을 것이 눈에 들어왔다. 숨어 살던 조선족 마을의 아침 풍경은 낯설기만 했다. 새벽에 짐승들이 시끄럽게 울어서 깬 윤주는 창문에 매달려 밖을 내다보는 일로 하루를 시작했다. 집주인 할머니가 큰 밥 바가지에 입쌀 싸라기를 갖고 가서 마당에 뿌리면 돼지, 거위, 닭들이 모여서 저마다 소리를 내면서 주워 먹었다.

"짐승들이 모여서 먹고 있는데 나도 모르게 순간 울컥하고 눈물이 나는 거예요. 왜냐면 우리 할머니가 돌아가시기 전에 계속 제 이름을 불렀어요. 그래서 '할머니 왜요' 하고 가보면 헛소리를 하더라구요. 진짜 날 찾는 게 아니고 불러서 하는 얘기가 '윤주야 저 밥가마 불 좀 낮춰라, 밥 타면 누룽지가 맛이 없다' 그러고는 또 한참 있다가 또 불러서 가면 '감자가 탄다, 불을 낮춰라' 계속 그러시는 거예요. 그러니까 삶은 감자하고 누룽지밥을 그렇게 드시고 싶었던 거죠. 그런데 그런 할머니한테 제가 해드릴 수 있었던 게 밭에 버려져 있는 언 감자를 주어다가 아린 걸 삶아서 드리는 게 최고였거든요."

말하던 윤주 눈에서 눈물이 주르륵 흘러 내렸다. 혈육이 굶어죽은 이야기를 하고 있었다. 대사관에서도 하고 교회에서도 하고 몇몇 모임에서도 하고 되풀이한 얘기였다. 그래도 할 때마다 서럽게 눈물이 흘렀다.

"할머니 입에 넣어드릴 쌀이 한 주먹도 없었는데, 그러던 쌀을 짐승들이 막 먹고 있으니까 너무 화가 나고 억울하고 그래서 막 엉엉 울었죠. 처음 중국에서 그랬어요. 쌀을 짐승도 먹는구나. 개 밥통에 쌀밥이 섞여 있는데도 개가 안 먹더라구요. 그래서 처음 중국 와서 한 1년 동안 개들을 엄청 미워했어요. 따라다니면서 주인 안 볼 때마다 강아지 때리고 그랬어요. 밥 안 먹는다고."

윤주와 윤지는 학교에 7시를 조금 넘겨 도착했다. 해가 길어서 아직 훤했다. 정식 중·고등학교에서 수업이 끝나고 지역의 몇몇 학생들을 위해 야간 과정을 개설해 놓은 것 같았다. 교실에 들어서자 교사는 한 명이었고 피부색이 다른 여섯 명의 학생들이 저마다 책을 펴놓고 공부하고 있었다. 책에 있는 문제를 풀다가 모르는 것이 있으면 손을 들었고 그러면 교사가 일대일로 설명을 해주는 방식이었다. 남자아이들이 둘 있었는데 서로 히히덕대며 장난을 치느라 바빴고 윤주는 연신 얼굴을 찡그리며 책을 뒤적였다. 동생 윤지는 질문을 활발하게 했다. 교사도 윤지한테 관심이 많아 보였다. 윤주 말로는 같이 시작했는데 윤지의 진도가 훨씬 빠르다고 했다. 윤지는 사실 북에서의 기억이 많지 않았다. 그래도 중국에서는 배를 주리지 않았고 어린아이라 동네에서도 아이들과 잘 섞여 놀았다. 그래서인가 중국어도 유창했고 미국에 와서는 영어도 별 어려움 없이 했다. 장난질을 치던 사내애가 가끔 윤지를 향해 고개를 돌리고 노골적인 관심을 보였다. 하지만 윤지는 책과 선생 외에는 관심이 없었다. 사내는 제풀에 지쳐서 다시 친구와 히히덕댔다. 세 시간 남짓한 수업이 끝나고 자매는 다시 학교를 나왔다. 아직 저녁도 먹지 못했다. 보통 일이 끝나면 바로 학교로 가기 때문에 수업을 마치고 집에 가서야 저녁을 먹는다고 했다. 수업이 있는 날은 밤 10시가 넘어야 저녁밥을 먹을 수 있었다.

늦은 밤 워싱턴 외곽의 주택가는 저녁 준비로 한참이었다. 주방에 세 모녀가 각기 바빴다. 윤지가 양상추를 씻으며 오늘은 샐러드 담당이라고 웃었다. 윤지는 부엌일을 많이 해보지 않아 간단한 야채 손질 정도가 다였다. 윤주는 뭔가 분주했다. 가스불에 커다란 프라이팬을 얹었다. 한국에 있는 중국 식당이 연상될 정도로 프라이팬을 들었다 놨다 하는 동작이 컸다.

"이건 토마토계란볶음이고요, 이건 풋고추가지볶음. 중국에 있을 때 배운 거예요. 어머니는 주로 찌개를 맛있게 하시고 김치 잘 담그세요. 전 중국음식 잘하고, 튀김 같은 거나 볶음 같은 반찬 잘하고. 동생은 밥을 잘해요. 항상 물을 잘 맞춰요."

윤주는 중국에서도 식당 일을 많이 했다. 중국요리에는 토마토를 많이 썼는데 그때 습관이 들어서인지 토마토를 넣어서 볶는 요리를 많이 해먹는다고 했다. 분주하게 달그락 거리는 소리가 잦아들자 식탁이 풍성해졌다. 그런데 식탁이 재밌었다. 밥과 찌개 한편으로 양상추에 드레싱이 얹어진 샐러드가 있었고, 그 옆으로 가지볶음과 토마토계란 볶음이 있었다. 북한과 중국 그리고 미국이 식탁에 함께 있었다. 동남 아에 오래 체류했으면 아마 그쪽 음식까지 한자리 차지했을지도 모르겠다는 생각이 들었다. 세 모녀의 여정이 담긴 식탁이었다.

윤주가 밥을 먹으며 그래도 중국을 거쳐온 것이 지금 먹고 사는데 도움이 된다는 말을 했다. 중국에 있을 때는 주로 식당에서 일했는데, 딱 돈 줄 때가 되면 공안을 부르는 경우도 있었다. 신고를 한 것은 아니고 그냥 식당에 와서 밥 먹게 하고 보내는 주인들이 있었다. 그러고는 월급을 절반만 주거나 아예 다음 달로 미루기도 했다. 분해서 말을 빨리 배우려고 애를 쓰다 보니 자매의 중국어는 빠르게 늘었다. 지금 일하는 곳도 중국계 미국인 노인들의 수발을 드는 요양센터였다. 중국어도 하면서 영어도 해야 하는데, 자매는 많은 돈을 요구하지도 않았다. 드문 인력이었다. 원하는 곳에서 원하는 조건으로 일을 할 수 있었다. 이국땅이라고 특별히 차별도 없었다. 오히려 요양센터에서는 값싸고 말이 유창한 자매를 잘 대우해줬다. 모녀는 북한인권법에 의해 이미 신분을 획득하고 미국으로 왔기 때문에 불법체류자와 같은 두려움도 없었다. 숨어살지 않아도 되고 차별이 해결되는 땅이라는 것이 미국을 선택한 이유이기도 했다.

"중국에서 많은 탈북자들을 만났는데, 주로 하는 얘기가 한국 가면 굉장히 차별이 심하다고 하더라구요. 그래서 혼자 생각에, 같은 외모에 같은 얼굴, 같은 말을 하는 사람들한테 차별당하기보다 아예 다른 말을 쓰고, 코 크고, 눈 큰 그런 사람한테 차별당하면 덜 억울하고 덜 분하지 않을까 싶더라구요. 연변에 있을 때도 한족이 우리 업신여길 땐 크게 모르겠는데 조선족들이 막 그러면 더 화나거든요, 억울하고. 북한사람들이 자존심이 있어가지고, 북한에서 중국에서 밟힐 대로 밟혔기 때문에 한국에 가선 조금만 건드려도 폭발하는 그런 성격을 가지게 된다고 하더라구요."

윤주는 연변에서 한국에 갔다가 다시 돌아와 중국에 정착한 탈북자들도 볼 수 있었다. 일단 한국에 가서 국적을 취득한 후 중국으로 들어온 경우였다. 그러면 중국 신분인 호구가 해결되어 맘 편히 살 수 있었다. 한국에서 적응하지 못한 이유야 다양했지만 어떤 한 사람의 얘기는 기억에 오래 남아 있다.

"술자리에 앉으면 북한사람이니까 계속 물어본대요. 밥 먹을 때마다 물어본대요. '너 이거 먹어봤니.' '이런 거 있니.' 이런 것을 계속 물어보는데, 그게 제일 싫더래요. 그러다보니까 싸움을 많이 하게 되고 도저히 못살게 되더라고."

윤주는 대우는 한국이 조금 낳은 것 같다고 했다.

"한국이야 언어 통하죠, 집 주죠 그리고 직업 없거나 하면 잘 모르긴 하지만 한 달에 몇 십만 원씩 준다고 하던데."

미국은 신분을 주는 것 외에 특별한 혜택이 없었다. 동남아에서 미국으로 오는 모녀의 비행기표가 4천불이었다. 그것도 미국 정부에 1년 후부터는 갚아야 한다고 했다. 한 달에 최저 35불을 갚아야 했다. 받을 수 있는 혜택도 있었지만 서류에 익숙하지 않다 보니 푸드 스탬프도 한동안 받지 못했었다. 월초에 음식을 살 수 있는 얼마간의 쿠폰이 나온다는 것도 한인 자원 봉사자들이 알려주고 나서야 챙길 수 있었다. 그 외에 주거 등은 스스로 해결해야 하는 것이 미국식 난민 정책이었다. 한인교회가 없었다면 세 모녀의 정착도 쉽지 않았을 것이다.

시계 알람소리가 났다. 말을 하던 윤주가 약통을 만지작거렸다. 시간 맞춰 먹는 약이었다. 몇 알을 입속으로 털어 넣었다. 우울증 약이었다.

"밤에 꿈을 꾸면 아직도 북한이에요. 감옥에서 막 잡혀서 맞다가 깨고. 며칠 전에도 맞다가 거의 죽는 순간이었는데 어머니가 깨워주셔서 깨어났거든요. 저 같은 사람이 더 이상 없었으면 좋겠어요. 솔직히 지금 젊은 사람들은 친구도 만날 수 있고 술도 먹고 연애도 하고 같이 놀러도 다니고 그렇게 살잖아요. 그런데 저는 한 번도 그런 생활을 하려고 노력도 안 해봤고 꿈도 안 꿔봤고 그런 삶은 내 삶이라고 생각해본 적도 없고…."

이미 자정을 넘겼다. 윤주가 마지막으로 취재진에게 부탁이 있다고 했다. 윤주는 둘째였다. 위로 언니가 있다. 언니는 홀로 국경을 넘었다. 그러곤 소식을 듣지 못했다. 미국으로 온 후 어느 정도 여유가 생기자 윤주는 언니를 수소문했다. 모은 돈도 적지 않게 들었다. 온갖 브로커들이 활개 치는 국경지역엔 윤주와 같이 가족을 찾는 사람들의 일을 대신해주는 브로커들도 있었다. 언젠가 언니가 사천성 어딘가에 있는 것 같다는 전화가 와서 브로커를 만났는데, 많은 돈을 요구했다. 윤주가 감당할 수 있는 수준이 아니었다. 취재진에게 이야기를 하면서 윤주는 방법이 없겠냐고 물었다. 지금은 아니지만 귀국 후 찾아보겠다는 말을 남기고 일어섰다.

부모는 자식을 잃고 자식들은 형제를, 자매를 잃었다. 일부는 중국에, 일부는 조국에, 일부는 미국에 뿔뿔이 흩어져 있는 가족들도 있었다. 한둘이 아니고 수백도 아닌 수만이 넘을 것으로 추정되는 사람들의 이야기였다. 늘 그렇듯 작별 인사를 했다. 현관에 불을 밝히고 모녀가 배웅을 했다. 차에 시동을 걸면서 다시 한 번 그들의 집을 바라봤다. 창에 비친 거실에 아직 불이 훤했다. 어둠이 싫은 사람들이었다. 불을 켜놓고 잘 때도 있다고 했다. 차의 시계를 보니 새벽 한시 십분이었다. 가속페달을 밟은 발에 힘을 줬다.

버지니아 시골의 북한 소년

버지니아 주도를 따라 한참을 달리자 적어준 주소와 일치하는 팻말이 보이기 시작했다. 아주 외딴 곳은 아니었지만 숲이 울창하고 나무도 많았다. 집들이 널찍널찍 했고 몇몇 집엔 성조기가 날리고 있었다. 어른 키보다 작은 목책이 둘러진 집도 있었고 아예 그나마도 없는 집들도 많았다. 잘 칠해진 흰색 페인트가 정갈한 이층집들 중 한 곳이 강호네 집이었다. 쉽게 찾을 수 있었다. 선교를 위해 미국으로 온 한인 가정에서 강호를 키우고 있었다. 강호는 뒷마당에 있었다. 막 학교가 끝나고 집에 왔다고 했다. 중학생인 강호는 몸집이 또래의 여타 아이들과 비슷했다. 강호는 자신의 허리만큼 오는 큰 개와 뛰어놀고 있었다. "강호야" 하고 불러서 인사를 나누기가 무섭게 다시 개한테 달려가 몸을 부비고 뒹굴었다.

"이렇게 학교 갔다 오면 혼자서 심심했는지 그저 껑충껑충 올라 뜁니다. 그래서 한 20분 정도 같이 신나게 뛰어 놀아 주고 집에 들어갑니다."

말하는 폼이 속된 말로 각이 잡혀 있었다. 묻는 말에 '다나까'로 끝나는 것이 흡사 군인처럼 절도가 있었다. 반시간쯤 지나자 강호는 주방으로 들어와서 사과를 덥석 물었다. 중학생답게 먹성이 좋았다. 사과 한 개가 금세 없어지는가 싶더니 다시 한 개를 꺼내 우적우적 씹었다.

"어떻게 말씀드려야 할지. 사과라는 것을 조선에 있을 때는 한 번도 못 먹어 봤습니다. 태국에서 처음으로 먹어봤는데, 와 너무 달콤하고 시원한 것이. 지금은 하루에 여섯 개쯤 먹는 것 같습니다."

사과를 씹으면서 강호가 말을 이었다.

"먹을 것이 많은 게 지금 제일 감사합니다. 이게 아무 때나 나와도 아무거나 먹을 것이 많지 않습니까? 과일도 있고 밥도 항상 챙겨져 있고 냉동고에 보면 아이스크림도 있고. 이름을 다 모를 정도로 먹을 것이 있으니까. 꿈같기도 하고 해서 되는대로 많이 먹으려고 합니다."

강호는 양강도 출신이다. 양강도는 북한에서도 외진 곳이다. 미국에 대해서는 학교에서 배운 것밖에 몰랐다.

"미국이 어디에 붙었는지도 몰랐습니다. '미국놈' '개승냥이놈' 그렇게 쌍욕 하니까 미국놈이라면 나쁜 놈인 줄 알지 나라가 어디에 붙어있는지도 몰랐습니다."

미국놈들은 철천지 원쑤일 뿐이었다. 학교에서 가끔 미국놈들이라고 써진 사람이 있는 나무판자에 돌을 던지던 것이 미국에 대한 전부였다. 강호가 그런 미국에 도착한 지는 채 반년이 되지 않았다. 강호는 1990년대 후반 북한 전역을 휩쓸었던 대기근, 이른바 고난의 행군 세대는 아니었다. 고난의 행군은 김일성의 사망 이후 3년이 절정이었다. 수백만이 굶어죽었다는 풍문이 떠돌던 시기였다. 3년상을 마친 김정일이 공식적으로 등장하면서 사정이 풀리기 시작했다. 강호는 그 무렵에 태어났다. 이전 같은 혹독한 굶주림은 없었다. 하지만 이미 망가진 배급 체계도 그렇고 국가의 주요 시스템이 무너진 상황이었다. 강호 주변에 굶어죽는 사람이 있는 것은 아니었지만 그렇다고 배불리 먹을 수 있는 것도 아니었다. 강호 부모는 농장원이었는데 영악했다. 군대 몰래 산을 개간해 밭을 얼마간 일궈서 식량을 충당했다. 산지였지만 근처에 다행히 계곡이 있어 밭을 일구기가 수월했다. 주로 감자를 몰래 심었다. 감자를 삶아도 먹고 구워도 먹고 보리를 조금 넣어 쪄서 먹기도 했다.

"그렇다고 배부를 정도까지는 못 먹었습니다."

강호는 친구들과 산으로 들로 다니며 허기를 메웠다. 이름도 모르는 열매를 많이 따서 먹었다. 그러던 어느 날 아버지가 어디론가 끌려갔다. 어린 강호는 아버지를 잡아간 사람들이 누군지, 잡혀간 이유가 무엇인지 알지 못했다. 어머니도 자세히 얘기해주지 않았다. 어머니는 숨죽여 강호를 끌어안고 사는 데에 안간힘을 다했다. 강호 아버지의 동생이 국경을 넘었다고 주변에서 수군대도 이를 악물고 농장일을 하며 강호를 먹였다. 그러고는 얼마 안가 어머니는 재혼을 했다. 새아버지도 농장원이었다. 어머니가 강호의 손을 잡고 낯선 곳으로 데리고 가서 "이곳이 이제 우리집이다" 했을 때 강호는 이상했지만 묻지 않았다. 정해진 시간에 일어나 나무를 하고 불을 때고 산으로 들로 주린 배를 잡고 뛰어다녔다.

"어머니 보고 싶습니다"

강호가 몸을 맡기고 있는 곳은 다락방도 있고 지하실도 있는 전형적인 미국의 교외 주택이었다. 강호는 지하를 쓰고 있었다. 따라 내려가자 여기저기 널브러진 양말과 헝클어진 옷가지들이 딱 남학생 방이었다. 벽난로가 있었고 제법 굵은 나뭇가지가 쌓여 있었다. 책상엔 영어책이 펴져 있었는데 강호는 영어 때문에 애를 먹고 있다고 했다. 책은 학교에 들어가기 전의 애들이 보는 수준으로 보였다. 비뚤비뚤 쓰인 영어 알파벳이 강호의 악전고투를 보여주고 있었다. 그런데 알파벳과 달리 깔끔한 한글이 빽빽하게 쓰인 노트가 보였다. 표지가 붉은 노트였다. 강호의 동의를 구한 취재진이 노트를 넘겼다. 어머니라는 단어가 다른 단어보다 크게 쓰인 노트로 강호가 어머니에게 쓴 편지 모음이었다. 태국 대사관에서 미국행을 기다리던 때부터 시작해 지금까지 어머니가 보고 싶을 때마다 하고 싶은 이야기를 썼다고 했다. 두툼한 노트 한 권이 거의 꽉차 보였다. 편지의 마지막은 항상 "어머니 보

강호가 쓴 일기에는 항상 어머니에 대한 그리움이 표시되어 있다.

고 싶습니다"로 끝났다.

그날도 여느 때처럼 강호는 산을 오르내리며 동무들과 놀고 있었다. 집으로 가도 농장일이 끝나고 생활총화를 하느라 새아버지와 어머니는 늦게 올 거였기 때문에 한참을 더 놀 요량이었다. 한참을 놀고 해가 질 무렵 집으로 가던 강호 앞에 낯익은 얼굴이 보였다. 삼촌이었다. 한동안 보이지 않았던 삼촌 얼굴을 보고 강호는 놀라기보다는 신기해하고 재밌어했다. 삼촌은 한참 뭔가를 이야기하고는 곧 사라졌다. 강호는 며칠 후 새벽에 삼촌이 알려준 대로 낯선 사람을 따라 집을 떠났다.

"내가 그렇게 떠날 적에 어머니에게 말하고 떠나는 것과 말 안하고 떠나는 것이 다르지 않습니까. 어머니에게 말하고 떠나면 어머니가 가슴 아파서 어떻게 합니까. 그래서 차라리 말 안하고 나왔습니다."

하지만 강호는 정확히 어디로 떠나는지 알지 못했다. 삼촌은 강호

할머니와 강호를 모두 데리고 나오려고 돈을 상당히 썼다는 것과 중국 어딘가에서 기다리고 있겠다는 말만 했다. 강호는 '산을 넘어 이웃마을 가는 것처럼 얼마간 지내다가 다시 산을 넘어 집으로 와도 되겠지' 하는 생각으로 국경을 넘었다. 그 새벽에 뒤척이던 어머니를 흘끔 본 것이 마지막이었다.

강호 삼촌은 탈북 후 수월하게 한국까지 들어가는 데 성공했다. 북에서도 의대를 다닐 정도로 똑똑했기 때문에 한국에서 적응하는 것도 어렵지 않았다. 하지만 가족의 소식이 궁금해 브로커를 통해 소식을 알아본 후 형님이 어디론가 끌려갔다는 이야기를 듣고는 중국으로 건너갔다. 가문의 하나뿐인 아들인 강호와 어머니를 빼오기 위해 강호 삼촌은 2년간 한국에서 모은 돈을 모두 싸들고 브로커를 만났다. 탈북은 국경에서 이미 사업이었다. 거리에 따라, 사람에 따라 정해진 가격이 있었다. 브로커들은 흥정은 없다며 눈을 부라렸다. 한국돈 천만 원이면 혜산으로 들어가 청진까지 가는 기차에 탈 수 있다고 했다. 차장 옆자리에 앉을 수 있기 때문에 여행증이나 검문 걱정은 안 해도 된다고 호언장담하는 브로커도 있었다. 몸으로 번 돈을 모두 털어 넣고 강호 삼촌은 강호와 할머니를 데려올 수 있었다. 재혼한 형수는 애초에 제외했다. 돈도 생각해야 했다. 강호에게는 어머니에게 알리지 말고 나오라고 신신당부했다. 자세히 이야기해주지도 않았다. 그리고 대륙을 가로질러 곧바로 태국으로 들어갔다.

강호는 뭐가 뭔지 몰랐다. 할머니 손을 잡고 산을 넘었고 중국인지 북한인지 모를 시골 마을에서 다시 삼촌을 만났다. 그러고는 보름을 밖으로 나오지 못했다. 차를 타다가 내려서 방으로 들어갔고 나와서 다시 차를 탔다. 삼촌은 자세한 것을 이야기해주지 않았다. 그곳이 중국이라는 것은 방에 들어와 텔레비전을 켤 때만 알 수 있었다. 꽤나 먼 거리를 달리고 있었지만 누구도 어디로 가는지 묻지 않았고 알려주는 사람도 없었다. 삼촌은 강호에게 미국으로 갈 것이라는 얘기를 태국에 도착해서야 해줬다. 원래 국경을 넘을 때 삼촌은 강호를 데리고 한국으로 가려고 했었다며 이야기를 했다.

"삼촌이 뉴스페이퍼라는 것을 봤는데 그때 첫 미국행으로 다섯 명이 태국에서 넘어갔다는 것을 봤다, 뭐 이런 말을 했습니다. 그러면서 이왕 자유세계에 나온 것 큰 나라에 가서 한번 살아보자고 하셨습니다."

강호 삼촌은 한국 생활을 하면서 앞이 보이지 않는다는 생각을 하곤 했다. 그런 그에게 미국행의 길이 열렸다는 것은 기회였다. 삼촌은 강호를 먼저 보낸 후 자신은 어머니를 모시고 한국으로 갔다가 미국으로 가겠다는 생각을 굳히고 강호에게 미국행을 알렸다. 사내가 갑빠(가슴 근육)가 있으면 어디든 가서도 버틸 수 있으니 삼촌이 정리하고 올 때까지만 버티면 된다는 말을 하고 강호를 대사관으로 밀어 넣었다. 가라는 대로 가는 것 외엔 방법이 없었다. 정해진 조사를 받았고 정해진 절차대로 미국행 비행기를 탔다. 대사관에서 대기하는 동안 비로소 강호는 어머니라는 단어를 꺼낼 수 있었다. 혼자 있을 때 사흘을 쉬지 않고 울었다. 울다 지치면 자고, 일어난 후에 다시 울었다. 목이 메면 몸을 씻고 다시 울었다. 그러다가 노트를 한 권 요청한 후 어머니에게 보내는 편지를 일기 형식으로 쓰기 시작했다.

"어머니 생각도 많이 나고 내가 이제 커 가지고 기억이 잘 안날 수도 있고 해서 쓰기 시작했습니다. 내가 온 노정에 대해서 써야 나중에 어머니를 만나면 자세히 얘기도 해드릴 수 있고. 그때부터 빼놓지 않고 기억을 해내 썼습니다."

노트가 반 권이 찰 무렵 대사관 직원들이 비행기를 태웠다. 차를 탈기회도 별로 없던 강호는 당연히 비행기가 처음이었다. 하늘에서 밥을 준다는 것이 신기했다. 그리고 공항에서 기다리고 있던 선교사를 만나 버지니아까지 갔다. 삼촌은 강호가 미국땅을 밟고 두어 달이 지나서야 찾아왔다. 아직 한국 일이 정리되지 않았다며 강호가 잘 있나 잠시 다녀가는 것이라고 했다. 손에 휴대폰을 쥐어 줬고 그때부터 한국에 있는 할머니와는 매일 통화를 할 수가 있었다. 삼촌은 한국으로 돌아가기 전날 강호에게 자신의 휴대폰을 건넸다. "어머니다"란 한 마디와 함께. 무슨 말을 했는지 강호는 기억이 나지 않는다고 했다. 자신의 여정을 꼼꼼히 기록할 정도였던 강호지만 어머니와의 통화 내용을 노트에 적지 못했다.

"어머니하고 전화통화를 5분 정도 한 것 같습니다. 하지만 얘기를 하진 못했습니다. 목소리를 들으니까 눈물부터 나고 정말 어찌나 슬픈지 눈물부터 났습니다."

강호가 나뭇가지를 모아 벽난로 불을 때기 시작했다. 통화 이후에 어머니가 자꾸 꿈에 보인다고 했다.

"내가 조선에서 하던 것을 꿈에 조선에 가서 그대로 하고 있고, 어머니도 만나서 어머니가 해주신 감자떡을 먹고 있고, 어머니가 만들어 주신 두부도. 조선에 있을 때 그게 그렇게 맛있었는데 지금도 먹고 싶습니다."

강호는 매일 정해진 시간에 벽난로에 불을 때고 있었다.

"어머니는 지금 아마 이렇게 저처럼 불을 때시고 밥을 지으실 것 같습니다. 지금 조선이 여섯 시, 아침 여섯 시 정도 된 시간인데 이 시간에 밥을 지으십니다. 불을 피우시고 매일 아침저녁으로 불을 때십니다."

마른 나뭇가지가 불로 바스러졌다. 두꺼운 장작을 몇 개 던져넣자 이내 불이 훨훨 일었다. 강호가 장작을 뒤척이며 물끄러미 불길을 바라봤다. 미국에서 강호는 정해진 시간에 불을 때고 그때마다 어머니를 생각했다. 올해 열다섯이었다. 버지니아 시골 마을에 그런 북한 소년이 있었다.

보라엄마의 미국에서 살아남기

강호의 집에서 나와 인근에 살고 있는 탈북자를 한 명 더 만났다. 전화 몇 통으로 미국의 시골에서 탈북자를 만날 수 있다는 게 신기했다. 그들은 서로 드러내는 것을 극히 꺼렸지만 어려운 처지에 그들끼리 모여 살기도 했다. 폐쇄적인 커뮤니티였기 때문에 한두 명을 접촉하면 되레 다른 이들을 찾기는 쉬웠다.

영광씨는 저녁에 일을 한다며 출근 전에 보자고 했다. 한인타운의 일식당에서 스시를 만드는 일을 한다고 했다. 미국에 온 지는 1년쯤 됐다고 밝힌 그의 얼굴에선 피곤이 묻어났다.

"여기는 그냥 데려다놓고 너희들이 알아서 살아라 하는 식이니까. 일 안하고 땡땡이칠 수가 없어요."

그는 한국에 있다가 미국으로 넘어왔다. 북한인권법의 적용 대상도 아니었고 신분도 없었다. 불법체류였다.

"한국에서 그럭저럭 정착하고 살고 있다가 미국에 욕망을 가지고 왔는데, 아닌 거야. 그렇다고 다시 한국으로 들어가자니까 쪽 팔려서 못 들어가고. 한마디로 미국 가서 폼 나게 살 거라고 말하고 떠났는데 다시 돌아가기 부끄러운 거죠."

그는 결국 한인들을 찾아 이곳까지 흘러왔다. 한인이 하는 일식당에 취직했지만 한국에 비해 뭐가 낳아졌는지 모르겠다고 했다. 영어는 안 되고 신분도 없어 다른 일을 할 수도 없었다. 탈북한 남성들은 미국의 일식당에서 많이 일했다. 한인들이 일식당을 하는 경우가 많았고 스시를 만드는 데 특별한 기술이 필요하진 않았기 때문이다. 한인들은 측은해서 또 싼 급여로 사람을 쓸 수 있어서 탈북자를 선호했다. 영광씨 옆에서 스시를 마는 친구도 탈북자였다. 그는 동남아에서 바로 넘어왔다. 신분은 있었지만 그게 끝이라 먹고사는 일은 영광씨랑 같았다.

"그 친구한테 들으니까 처음 와서 몇 달 동안 아파트라고 전세처럼 내주고, 뭐 메디케어도 열 달 동안 주고, 돈도 한 900불 정도 지원금처럼 줬다는데, 그냥 그걸로 땡이래요. 그 다음부턴 하나도 없더래요. 너네가 알아서 살아라, 이런 거죠. 이건 있어요. 영어 가르쳐 주는 클래

스가 있어요. 그런데 와서 배우라 하고 버스표를 주어서 날마다 버스 타고 왔다 갔다 하는데, 보통 피곤한 게 아니더래요. 암만 가서 배워도 말이 안 되고 하루아침에 배울 수 있는 것도 아니고. 그러다가 한국사람 있는 곳으로 찾아가야겠다고 해서 한인교회 찾아가고, 그런 거죠."

그는 다시 한국으로 돌아가는 경우도 봤다고 했다. 꿈을 깨야 한다는 말을 여러 번했다.

"환상이야. 한국에서 정착 못하면 미국와선 숨도 쉴 수 없어요. 꼭 전해주세요."

일해야 한다며 자리를 일어서는 그를 더 붙잡고 있기는 곤란했다. 저마다의 아메리칸 드림은 그저 남루한 일상이었다. 그는 취재진에게 자신 같은 사람만 있는 것은 아니라며 그래도 독하게 일해 잘된 사람도 있다는 말을 남기고 발걸음을 옮겼다.

어엿한 생선가게 주인 보라엄마

그가 알려준 탈북자를 찾아 나섰다. 버지니아주의 주도인 리치먼드는 백인 거주 구역과 흑인 밀집 지역의 외관이 사뭇 달랐다. 적어준 주소를 들고 다운타운을 통과하자 길거리를 오가는 피부색이 검게 변했다. 전깃줄은 무질서했고 신호등 중 하나는 기울어 있었다. 거리에서 물어물어 찾아가는데, 둘에 하나는 대꾸를 하지 않았다. 작은 전구가 많이 달려 있는 간판을 찾는데 시간이 좀 걸렸다. 생선가게였다. 통화는 했지만 인터뷰 거절 의사를 분명히 했기 때문에 찾아가는 것도, 가게로 들어가는 것도 쉽지 않았다. 가게 창문 너머로 우리와 같은 외모

생선 들여오고 다듬고 팔고 계산하는 것까지 보라엄마는 종업원 1명과 함께 모든 것을 하며
분주하게 가게를 운영하고 있다.

의 아주머니 한 분이 보였다. 일단 지켜보기로 했다. 아주머니는 분주
했다. 쉴 새 없이 좁은 가게를 오갔다. 오후였지만 손님도 제법 많이 드
나들었다. 예외 없이 흑인이었다. 가게로 들어간 흑인들은 종이봉투에
가득 생선을 담아 들고 흰 이를 드러내며 문을 열고 나왔다.

취재진이 조심스럽게 문을 열고 들어가 인사를 하자 카메라를 흘끗
보고는 계속 생선을 다듬었다. 하지만 나가라는 말을 하지도 않아 가
게 안 구석에서 어정쩡하게 계속 서 있었다. 창 너머로 보이던 분주함
은 창 안쪽에서도 같았다. 쉴 새 없이 생선을 다듬고 팔고 가게를 쓸고
닦았다.

"케찹, 핫소스 오케이?"

"노노, 일레븐 달러 오케이."

부산 자갈치시장 아지메의 목소리 같았다. 흑인들을 대상으로 쉴

새가 없었고 단골로 보이는 흑인들이 히죽거리며 말을 섞었다. 커다란 냉동고 한편에 아주머니의 딸로 보이는 아이의 사진이 붙어 있었다. 학교를 졸업한 지 얼마 안 되었는지 졸업장도 사진 옆에 붙어 있었다. 졸업장에 '보라'라는 이름이 보였다. 아주머니는 버지니아주 탈북자들 사이에서 보라엄마로 불렸다.

"억척스럽게 일을 해서 벌써 가게가 둘이래요."

영광씨가 취재진과 헤어지면서 한 말이었다. 명절이면 인근 탈북자 십 수 명을 불러 떡국을 한솥 끓여 먹인다고 했다.

들어가길 꺼려하는 흑인 지역에 들어가 버젓이 장사를 하고 있는 보라엄마에게 위험하지 않으냐고 물었다. 저녁 손님이 뜸해지고 한숨 돌릴 만한 시간이 되자 보라엄마는 취재진과 눈을 마주쳤다.

"위험하긴요. 전 한국분들 상대로 장사하는 거 좋아하지 않아요. 한국분들 물건 사는 게 아주 까다로워요. 여기는 주는 대로 흥정하는 것도 없이 덥석 사가고 좋아요."

미국 정부에서는 빈곤층을 위해 푸드스탬프라는 것을 지급했다. 월 몇 백불씩 식음료를 살 수 있는 쿠폰이었다. 매달 초에 지급되는데 그러면 흑인들은 보라엄마 가게에 와서 종이봉투가 넘치게 생선을 사갔다. 흑인들이 분주할수록 보라엄마의 지갑은 두터워졌다. 원래 보라엄마는 이 가게 종업원으로 일했었다.

"처음에는 생선 클린하는 일을 했어요. 생선 클린하면서 어깨 너머로 영어를 배우고, 어느 정도 영어가 되니까 주인이 캐셔를 시키더라구요."

보라 사진 밑으로 한글로 소리 나는 대로 쓴 영어들이 빼곡했다.

'하우 머치' '노 프라블럼' 이런 식으로 채워진 흰 종이가 누렇게 너덜거렸다.

"처음 제가 영어 못할 땐 다 조선말로 써서 배웠거든요. 그러다 보니까 어떻게 되더라구요."

가게문을 닫을 때쯤 내일 팔 생선을 실은 트럭이 왔다. 생선은 중국인이 댔다. 잠깐 한눈을 파는 사이 다툼이 생겼다. 뭔가 돈 문제 가지고 싸우는 듯했다. 보라엄마가 드세게 목청을 높였고 중국인도 중국말로 뭐라 하며 지지 않았다. 보라엄마는 이내 전화를 해댔다. 얼마 후 냉동고에 붙어 있던 단정한 사진의 주인공이 가게 문을 열고 들어왔다. 보라였다. 보라는 들어오자마자 중국말로 중국인에게 쏘아 붙였다. 장부를 들고 나오더니 하나하나 짚어가며 드잡이를 했다. 신고를 하더니 경찰에게 유창한 영어로 상황을 설명했다. 중국인은 얼굴이 벌게져서 이내 트럭을 몰고 가게를 떠났다.

보라는 야무지게 생선을 정리했다. 장부도 차곡차곡 다시 서랍에 넣었다. 다가가 말을 붙였지만 대꾸도 하지 않고 자기 할 일을 해치웠다. 모녀는 가게를 정리하며 뭐라 뭐라 소곤거렸다. 밖이 어둑해지고 보라는 타고 온 차를 몰고 쌩하니 사라졌다. 딸에게 무안당하는 것을 본 보라엄마는 미안했는지 가게문을 내리며 자신의 차에 타라 했다.

보라엄마가 꿈꾸는 아메리칸 드림

집은 교외에 있었다. 외관이 전형적인 미국 주택이었다. 보라엄마는 팔다 남은 생선 튀김을 데워 간단하게 요기를 했다. 저녁은 보통 이렇게 팔다 남은 생선으로 먹는다고 했다. 미국에 온 지는 5년이 넘어가고 있었다. 냉장고 옆에는 한글로 빼곡히 써놓은 영어들이 가득 붙어 있었다. 곧 시민권 취득 시험을 봐야 해서 공부를 하는 중이라고 보라 엄마가 웃으며 말했다.

"우리는 라오스를 거치고 그 다음에 베트남을 거치고 번대를 지났어요. 번대라고 하면 다들 모르던데 미얀마예요. 마지막으로 타일랜드라고 하던데 삼각으로 붙은 세 나라 중 왼쪽에 붙은 그 나라에 들어가기까지 중국에서 출발해 넉 달이 걸렸어요."

그녀는 망설임 없이 미국을 택했다. 그녀는 돈 욕심이 많았다. 북에 있을 때도 장마당에서 장사를 했었다. 왜 국경을 넘었는지는 말을 아꼈지만 중간중간 잘 살아보겠다는 욕심을 숨기지는 않았다. 한국에서는 집도 조그만 것을 주고 일자리 구하기도 힘들다는 얘기를 여러 번 들었기 때문에 보라를 데리고 미국행을 택했다.

"제일 먼저 한인교회를 갔어요. 거기 가면 밥하고 김치를 줘요. 한국 분들이 먹다 남은 밥 중에 손대지 않은 것을 주는 거죠. 그럼 딸하고 둘이 그거 가지고 한 달 하고 일주일을 먹어요. 딸하고 둘이 한 달에 40불 가지고 먹었다고 하면 아무도 안 믿고 거짓말이라고 해요. 그렇게 살았죠. 처음엔 진짜 힘들었어요. 저랑 딸이랑 많이 울고. 밥을 얻기 위해 교회를 가긴 갔지만 예수님 믿는 시간이 저한테는 너무 아까웠죠."

보라엄마는 몸으로 일했다. 살기 위한 여자의 본능은 강했다. 억척 같다는 얘기를 듣기 시작한 것도 이 무렵이었다. 딸이 있었고 살아야 했다. 가릴 필요도 가릴 일도 없었다. 보라엄마는 한인들을 찾아다니며 일을 사정했다.

"양로원도 다니고 생선가게도 다니고. 일요일엔 남의 집 청소를 다녔어요."

미국 정부에서는 보라엄마에게 흑인 아파트를 알선해줬다. 싼 허름한 아파트였고 이상한 악취가 방에 배여 있었다. 보라엄마는 아침에 집을 나올 때마다 어떻게든 이곳을 빨리 떠야겠다는 생각뿐이었다.

"어느 교인 소개로 일요일 아침 새벽부터 잔디를 깎았어요. 제가 일주일에 잔디로만 돈을 400불씩 벌었어요. 잔디 기계가 여기서 사면 199불인데 좀 안 좋은 거 50불에 살 수 있는 것들이 있어요. 그거 사가지고 잔디를 깎았는데 미국사람들은 40불씩 받는 거 저는 20불씩 받고 깎았어요. 싸게 해주니까 너도나도 저를 찾지요. 잔디를 깎고 나면 세탁소에 가서 옷을 받아와 가지고 옷을 기웠어요. 오후 내내 옷을 수선하고 저녁에는 회사 청소를 했어요. 저녁 9시부터 그 다음날 새벽까지 했는데, 그게 좋은 게 층마다 돈을 줬어요. 내가 청소한 층수만큼 돈을 줬는데, 한 층에 300불씩 줬어요. 또 좋은 게 먹을 것이 있다는 거였어요. 미국사람들이 오피스를 형편없이 어지럽혀 놓고 퇴근하는데, 그들 책상 위에는 먹을 것이 많았어요. 일하다 배고파서 초콜릿 남은 것도 먹고 음료 남은 것도 먹고 그랬죠. 화장실 청소를 하다보면 화장실 옆이 보통 커피칸인데 거기에 포도주스고 사과주스고 무한정 있으니까 따라서 마시고. 그러다 보면 새벽 2시쯤 배가 막 꾸룩꾸룩 하면서 아플 때도 많았어요."

그렇게 일을 할 때 보라엄마는 보통 하루에 세 시간쯤 잤다고 했다.

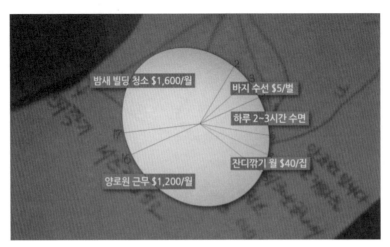

보라엄마가 직접 그려준 미국 생활 초기의 일과표.
두세 시간 자면서 억척스럽게 일하면서 돈을 모았다.

쏟아지는 졸음도 흑인 아파트의 이상한 냄새보다는 나았다. 오피스 청
소를 하고는 하루에 수백 불을 벌 때도 있었다. 일을 갔다가 오면 목에
가래가 끓었고 가끔 피가 섞여 나왔다.

　"너무 자지 못해서 그런지 입안의 침이 마르고 피고름도 나오고 그
랬죠. 그래서 결핵이 아닌가 의심한 적도 있고. 그래도 한 달 벌고 두
달 벌고 하니까 버는 돈이 잠기(쌓이)더라고요. 돈 잠기는 맛에 버티고
버티고 여기까지 버틴 거죠."

　1년 넘게 모은 돈으로 일하던 생선가게를 인수했다. 한인들에게 빌
린 돈도 가게를 하며 1년 만에 갚아 버렸다. 온전히 보라엄마의 가게가
된 것이다. 흑인 지역에서 장사하는 것을 꺼리는 탓에 생선가게는 보라
엄마네 가게 하나였다. 생선은 쌓아놓은 만큼 팔렸고 팔리는 만큼 돈이
쌓였다. 작은 가게를 하나 더 샀다. 역시 생선을 팔 요량이었다. 돈이 된

다 싫었고 태국에 조카가 있는데 들어오면 가게 일을 시킬 거라고 했다.

그녀의 집은 이층집이었다. 이층에는 항상 방 두 개를 비워뒀다. 그녀는 미국행을 택한 탈북자들에게 방을 조건 없이 내줬다. 어떻게 살든 일절 간섭하지 않았고 밥을 줬다. 그중에는 신분을 얻고 들어온 경우도 있었고, 한국에 있다가 관광비자로 들어와 불법체류를 택한 사람들도 있었다. 그들도 오래 머물지는 않았고 떠나면서도 어디로 떠난다고 구구하게 얘기하지 않았다. 보라엄마는 그들 중 상당수가 다시 한국으로 들어갔을 거라며 말을 이었다.

"지금도 우리 집에 총각이 한 명 머물고 있는데, 한국에서 왔어. 더 있어봐야 불법체류지. 그래서 얘한테 강조하는 게 그거야. 여기는 신분이 없으면 죽은 목숨이다, 어떻게든 신분을 해결해라."

보라엄마는 주변의 탈북자들에게 항상 힘주어 말한다고 했다. "미국은 울며 들어가서 웃으며 나올 수 있지만 한국은 웃으며 들어가 울고 나올 수 있다"고.

보라엄마의 말을 듣고 이층으로 올라가 문을 두드렸다. 잘생긴 청년이 문을 열었지만 카메라를 보자 매몰차게 문을 닫았다. 옆방이 비어 취재진이 그곳에 짐을 풀었다. 그러자 옆방 청년이 부담되었는지 아예 집을 나가버렸다. 그는 밤새 들어오지 않았다.

보라엄마는 다음 달 시민권 시험공부를 해야 한다고 밤늦게까지 책을 붙잡고 있었다. 그녀는 나름의 계획이 뚜렷했다. 앞으로 여기서 양로원을 하고 싶다고 했다.

"여기에 한 만 불에서 삼만 불 정도 하는 집들이 많아요. 그런 헌집을 사가지고 수리해서 렌트를 하면 될 것 같아. 주변에 멕시코 사람들이 많은데 신분이 없어 싸게 쓸 수가 있거든. 그래서 집을 사가지고 남들이 방 세 칸을 700불에 줄 때 나는 500불에 주고 멕시코 사람들이 수발 들게 하면 돈벌이가 잘 될 거 같아요. 그런 집을 한 서너 채 정도 사서 시작해볼까 생각중이에요. 생선가게는 조카랑 식구들이 들어오면 넘겨주고. 양로원 이쪽이 이제 전망이 좋을 것 같더라고요."

애기를 하다 보니 어느새 자정을 넘겼다. 그러나 보라엄마의 말은 그치지 않았다. 양로원 애기를 할 때는 말에 생기가 느껴졌다. 돌이켜보면 찾아다니며 말을 나눠본 탈북자들은 험한 시절을 겪고 있어서인지 주로 과거를 이야기했다. 이렇게 미래를 이야기하는 탈북자는 보라엄마가 처음인 듯했다. 그녀의 억척스러움이 가능하게 해준 미래였다.

날이 밝았다. 보라엄마는 이미 집에 없었다. 새벽같이 가게에서 팔음료수를 떼러 간다고 했었다. 가게로 다시 갔다. 어제와 같은 분주한 오늘이 계속되고 있었다. 보라는 보이지 않았다. 보라는 패션 디자이너가 된다며 학교도 그쪽을 다닌다고 했다. 보라는 북에서의 일을 입에 올리지 않았다. 북에 외할머니도 있고 삼촌도 있지만 가족에 대한 이야기를 엄마 앞에서 꺼내지 않았다. 외할머니와 통화할 때도 보라는 애써 모른 척했다.

두 번째 가게를 준비하면서 보라엄마는 북에 있는 가족들과 정기적으로 통화를 했다. 돈만 있으면 가능한 일이었다. 통화를 시켜주는 브로커들이 정해준 시간만 지키면 어렵지 않게 가족의 목소리를 들을 수 있었다. 보라의 외할머니와도 여러 차례 통화를 했다. 전화기를 붙잡고 할머니는 보라엄마에게 한 번만이라도 얼굴을 보고 싶다고 여러 차례 울먹였다.

"가능한 일인가요?"

강호 삼촌이 북한에 들어가 가족을 만났다는 이야기를 들었을 때도 미심쩍었던지라 다시 물었다. 보라엄마는 이미 정기적으로 돈도 보내고 통화도 하고 있다고 했다. 들어갔다 돌아오는 일도 그렇게 어렵게 생각하지 않는 투였다. 돈만 있으면 가능하다고 했다. 돈만 있으면 붙들려도 나올 수 있다고 장담했다. 그녀도 국경을 넘어 중국에 있다가 한 차례 붙들렸었는데 그때 보라엄마는 삼켜두었던 돈이 있었고, 그 돈으로 무사히 풀려 나온 경험이 있다고 했다.

"그게 미국돈으로 하면 100달러쯤 될 텐데, 중국에서 장사하면서 번 돈이었어요. 중국돈을 비닐에다 돌돌 말면 요만해져요. 그걸 네 뭉치 삼켰는데 안 죽더라고. 그 돈 덕에 살아 나왔지."

그녀는 조카가 들어오면 두 번째 가게를 맡길 생각이었고 가게가 안정되면 어머니를 만나러 갈 거라고 했다.

"부모가 하는 얘기가 '산사람 한 번 안아보는 것이 내 소원이다' 하는데 어떻게 갔다 와야죠. 내가 넘어왔던 경로를 통해 넘어가면 되요."

"위험하니까 자중하세요."

취재진의 말에 보라엄마는 픽 웃었고 취재진도 멋쩍어졌다. 이미 목숨을 몇 차례 담보로 잡혔던 사람들이었다.

보라엄마와도 그렇게 작별했다.

'아이들을 생각해봐라. 여기서 커봐야 이등도 아닌 삼등 국민이다. 영어라도 가르쳐야 할 것 아니냐. 눈 딱 감고 이름만 빌려주면 된다. 일억을 수중에 지니고 한국을 뜰 수 있다. 복지가 잘 되어 있는 나라다. 집도 주고 매달 생활비도 준다. 못 믿겠으면 거기에 있는 우리 사람들과 통화해봐라.'

유혹은 집요할 테고 현실적으로 들릴 터였다. 무엇보다 아이들 이야기를 하면 넘어갈 수밖에 없었다. 대한민국에 있는 탈북자 사회 전체가 위험에 노출되어 있는 것이다.

해외 망명을 부추기는 브로커 조직

．
．
．

많을 때는 30만 명까지 추정되는 이들이 중국을 헤매고 있었다. 탈북이라는 용어가 낯설지 않게 된 지도 거의 20여 년이 다 되어 갔다. 서울대 평화통일연구원은 탈북의 시기를 다음과 같이 분류했다.

탈북 1기는 1989년부터 1994년까지 사회주의권이 붕괴되는 국제정세 속에서 구소련과 동유럽에 진출해 있던 북한의 벌목노동자들과 유학생들이 체제를 이탈한 시기였다.

탈북 2기는 대기근으로 인한 극심한 식량난, 이른바 고난의 행군시기인 1995년부터 1999년까지의 시기이다. 생계 목적의 탈북이 주였고, 이 시기에 가장 많은 탈북 이주가 이루어졌다.

탈북 3기는 2000년부터 2003년까지의 시기로 남한에 대한 정보가 방대하게 유입되면서 보다 나은 삶을 위한 경제적 탈북이 주를 이뤘다.

탈북 4기는 2004년 미국의 북한인권법 제정과 함께 서방세계의 탈북자 망명이 공식 허용된 이후 2008년까지 탈북의 국제적 확산이 적극적으로 진행된 시기이다.

탈북 5기는 2009년 이후 현재까지 탈북자의 인권문제가 대두된 가운데 경제적 목적의 탈북이 다시 나타나는 등 다양한 형태의 탈북 이주가 이뤄지고 있는 시기이다.

대량 탈북이 이루어지던 시기 우리 정부는 이들을 북한이탈주민으로 명명하고 받아들였다. 적지 않은 정착금과 주거까지 보장해주었다. 이 돈은 북한 주민들에게는 평생 만져볼 수 없던 돈이었다. 신분의 불안이 존재하는 중국을 거쳐 한국으로 들어오기만 하면 신분의 안정과 경제적 수익을 동시에 얻을 수 있는 기회가 보장됐던 것이다. 그런데 이들이 다시 한국을 떠나고 있었다.

거대한 시장으로
진화하고 있는 탈북

몇 번의 전화 끝에 만날 약속을 잡았다. 점퍼를 입고 목도리를 두른 평범한 40대 남자가 지하철역 계단을 올라왔다. 브로커였다. 브로커가 따로 있는 것은 아니다. 처음엔 국경을 몇 차례 넘어 본 사람들이 연락도 해주고 알선도 해주고 하던 일이었다. 그러다가 탈북에 돈이 풀리기 시작했다. 복음으로 북한 사회를 변화시켜보겠다는 선교 단체도 있었고, 한국에서 모은 돈으로 가족에게 돈을 보내고 가족을 데려오려는 사람들도 생겨났다. 돈이 붙으면서 탈북은 거대한 시장으로 진화했다. 인신매매를 목적으로 폭력배들이 끼어들기도 하는 등 다양한 사람들이 다양한 방식으로 시장에 진입했다. 이한별씨도 그런 사람들 중 하나였다. 처음에는 북한에 있는 가족들에게 돈을 보내주는 일을 했다고 했다. 방법은 단순했다. 국경 부근의 정해진 곳에서 또 다른 브로커를 만나 돈을 건네주는 일이었다. 그러다가 한국에서 외국으로 나가는 탈북자들의 망명을 알선하는 일에 손을 댔다. 1명당 200만 원도 받고 300만 원도 받던 몇 년 전에는 꽤나 짭짤한 돈벌이였다.

"현재 한국에 왔다가 외국으로 나간 사람들을 저희는 대략 한 3,4천 명 정도 된다고 보고 있습니다."

탈북자들은 한국에 들어오면 대부분 자기들만의 네트워크를 형성한다. 같은 지역 출신들끼리 주로 모였다. 삼삼오오 모이는 자리에서 외국행이 화제가 된 것이 몇 년 전이었고 하나둘씩 짐을 싸는 사람들이 생겨났다. 한별씨는 그때 이들을 데리고 나가 난민청까지 안내하는 역할을 했다. 어려운 일은 아니었다. 1인당 200만 원을 받았다. 비행기 값은 별도였다. 유럽을 가본 적이 없는 이들이라 일단 브로커에서 돈을 줘야 한다는 생각에 사람들이 돈을 건넸다. 한별씨는 그들에게 북한에서 왔다는 증거로 삼으라며 공민증도 만들어줬다. 공민증은 우리의 주민등록증 같은 신분증이었다. 원래 공민증에 흑백 사진을 덧대서 만들었다. 주소는 대게 평양 어딘가로 해주었다. 평양 낙랑거리, 평양 창광거리 하는 식이었다. 원래 공민증 위조는 중국에서 하던 일이었다. 중국돈 200위안, 한국돈으로 3만 원 정도를 받고 만들어줬다. 한별씨는 국내에서 포토샵을 사용해 공민증을 만들었다. 채 10분도 걸리지 않았고 30만 원을 받았다.

"처음에 우리 사람들이 선호했던 곳은 영국 같은 유럽이었죠. 그리고 최근엔 캐나다하고 호주 이쪽을 많이 갑니다. 요새는 캐나다를 많이 가더라구요. 거기가 영국보다 난민 지위를 받을 수 있는 기간이 가장 짧다고 해요. 어쨌든 그 나라 가서 난민 지위를 받아야 거주권을 받아 일할 수 있는데 그 기간이 길면 길수록 우리 사람들한테는 고통이 되지요."

유럽행이 시들하면서 캐나다가 인기가 있다는 이야기는 영국에 있는 탈북자들에게서 수차례 들었던 얘기였다. 영국에서 난민비자를 거부당한 이들 중 몇몇은 캐나다로 가겠다는 말도 했었다.

"캐나다 관광비자를 통해서 캐나다로 가기도 하고, 최근에는 캐나다 정부에서 까다롭게 나오니까 이제 미국 그러니까 미국 동부를 우회하는 방법도 쓰더라구요. 일주일이든 열흘이든 미국 동부가 포함된 코스를 잡는 거죠. 뉴욕에 들어가서 동부를 관광하는 상품에 캐나다가 포함되어 있거든요. 나이아가라 폭포하고 토론토 이런 데를 돌아서 다시 미국으로 나오는 일정이죠. 그런데 이 사람들이 캐나다로 들어가면 가기 전에 친구들하고 전화로 약속해놓고 만나서 바로 튀는 거죠. 그리고 난민 신청하러 갑니다."

한별씨가 하던 고전적인 의미의 브로커는 이제 거의 없다고 했다. 원래 하는 일이 거의 없었기 때문에 해외 나가는 루트에 대한 정보가 공유되면서 단순히 난민청까지 안내해주던 브로커들은 자취를 감췄다. 한별씨도 일을 해본 지가 꽤 오래 됐다고 했다. 그런 그가 취재진을 만난 것은 다른 브로커들을 제보하기 위해서였다.

위험에 노출되어 있는
탈북자 사회

"요새 새로운 브로커들이 생겨났어요. 우리 사람들이 나갈 때 한국의 은행에서 돈을 빌려서 가는 방법을 알려주고 또 그걸 빌려주는 브로커들이 새롭게 생겨난 거죠. 탈북자들은 신용이 높지 못하니까 은행대출이 많아야 최고 천만 원 미만이야. 그런데 요즘 1억 정도 대출을 받을 수 있게 해주는 그런 브로커들이 새

우리가 모르는 사이 탈북자 사회가 범죄로 물들어 가고 있다는 사실을 알리고 싶다던 탈북자가
취재진에게 수법을 설명하고 있다.

롭게 생겨났죠."

한별씨가 취재진에게 수첩을 요구했다. 그리고 자세한 수법을 적어가며 설명하기 시작했다. 한별씨 말에 의하면 브로커들은 치밀했다. 해외로 나갈 결심을 한 탈북자들이 있으면 6개월 전부터 작업을 시작한다. 일단 탈북자들을 법인사업자나 개인사업자로 등록을 하고 그 사람들 통장에 수시로 돈을 넣었다 뺐다를 반복한다. 신용을 올리기 위해 그렇게 한다고 했다. 한별씨가 본 경우는 그렇게 해서 2억을 대출받아 브로커가 1억2천을 갖고 탈북자가 8천을 나누어 가졌다고 했다. 신용을 작업해주는 일이었다.

"할부 자동차도 있지요. 비싼 차를 두 대든 석 대든 할부로 일단 삽니다. 그리고 그걸 대포차로 파는 겁니다. 팔아서 현금을 나누는 거죠."

없는 신용을 만들고 돈을 빌려 해외로 나가도록 알선해주는 일은 범죄였다.

"최근에 많이 생기고 있어요. 한국을 뜨겠다고 생각하고 있는 우리 사람들, 벌어봤자 얼마나 벌었겠어요. 그러니까 해외에 나갈 때 브로커들하고 반드시 연결돼야 해요. 최근에 나가는 탈북자들은 거의 다 대출 받아가지고 나간다고 생각하시면 돼요."

브로커들이 제대로 돈을 주지 않는 일도 비일비재했다. 갖가지 명목으로 일이천쯤을 덜 주는 것은 예사였다. 탈북자들이 삼천을 챙겼다면 그의 이름 앞으로 서너 배에 달하는 돈이 빚으로 남았을 거라고 한별은 말했다.

"그렇게 대출 받아 해외로 나가 정착 못하면 정말 인생 종치는 거죠. 다시 한국에 들어올 수는 없잖아요."

예전 브로커들과는 달리 이들은 조직적으로 움직인다고 했다. 은행 업무를 전담하는 사람, 서류를 만드는 사람, 탈북자를 알선해오는 사람까지 보통 세 명 이상이 한패가 된다. 통상적으로 조선족이나 탈북자가 브로커를 하던 것과도 다르다는 것이 한별의 말이었다.

"이런 브로커들은 대부분 한국인이에요. 왜냐면 북한사람들은 은행 업무라든지 부동산 같은 개념을 전혀 모르니까. 그리고 법인 설립 같은 것에 필요한 서류들을 한국사람들이 잘 아니까 그 사람들이 대행하는 거죠. 다만 한국사람들이 우리 사람들을 잘 알지 못하니까 중개 역할은 우리 사람들이 해주죠."

탈북자들의 탈남은 '한국 사회에서의 부적응과 차별 문제가 원인'이라고 단순하게 생각하고 있던 취재진에게, 한별의 얘기는 충격적이었다. 정착을 위해 노력하고 있는 탈북자들마저 무방비로 범죄에 노출되어 있다는 생각이 들었다. 누군가 그들에게 다가가 말한다.

'아이들을 생각해봐라. 여기서 커봐야 이등도 아닌 삼등 국민이다. 영어라도 가르쳐야 할 것 아니냐. 눈 딱 감고 이름만 빌려주면 된다. 일억을 수중에 지니고 한국을 뜰 수 있다. 복지가 잘 되어 있는 나라다. 집도 주고 매달 생활비도 준다. 못 믿겠으면 거기에 있는 우리 사람들과 통화해봐라.'

유혹은 집요할 테고 현실적으로 들릴 터였다. 무엇보다 아이들 이야기를 하면 넘어갈 수밖에 없었다. 대한민국에 있는 탈북자 사회 전체가 위험에 노출되어 있는 것이다.

불법대출의 굴레에 갇힌 탈북자들

·
·
·

이름을 빌려주고
목돈을 만지다

30대라고 밝힌 강씨의 얼굴에는 주름이 깊게 패여 있었다. 중랑구에 있는 한 임대아파트의 놀이터는 이미 해가 졌고 가로등 불빛은 어둑했다. 벤치에 앉아 있는 그는 헐렁한 체육복 차림에 담배를 물고 취재진을 기다리고 있었다. 이미 여러 대를 피웠는지 주변에 꽁초가 제법 떨어져 있었다. 북에서 넘어온 지 5년째인 강씨는 안산의 한 공장에서 일한다고 했다. 그는 몇 달 전 캐나다로 출국했다가 넉 달 만에 귀국했다.

"난민 신청을 하러 간 거죠. 북한에서 직접 온 것처럼 공민증하고 사진하고 준비해서 갔거든요. 그리고 바로 망명 요청을 했죠."

캐나다 정부도 급증하는 탈북난민에 대해 의심을 갖고 심사를 엄격히 한다는 소문은 도착해서야 들을 수 있었다. 허가를 기다리며 넉 달 간 불면의 밤을 보내던 강씨는 짐을 싸서 다시 한국으로 돌아왔다. 그리고 강씨는 본인 앞으로 쌓여 있는 대출금액을 확인할 수 있었다.

"캐피탈에 1억8천만 원이라는 빚이 내 앞으로 되어 있더라구요. 그리고 알고 보니까 차 대출도 있었어요. 카드를 발급받아서 차를 샀더라구요."

강씨 이름으로 되어 있는 차는 무려 일곱 대였다. 제네시스 같은 국산 고급차가 대부분이었다.

시작은 가족이었다. 강씨도 북에서는 당원이었고 교편을 잡았지만 남에서는 전혀 인정받지 못했다. 북에서 제일 중요한 과목은 '김일성 혁명역사' 같은 과목이었다. 강씨는 우수한 당원이었고 혁명사에 정통했지만 그가 가르치던 내용은 남에서는 한 줄도 쓸 수 없었다. 아들이 영어 학원을 다니고 싶다며 쭈뼛쭈뼛 하던 날, 강씨는 망설이다 소개받은 브로커에게 전화를 걸었다.

"명의만 빌려주면 된다고 하더라구요. '이름을 빌려주면 돈을 만들어주겠다, 많이 만들어주겠다' 고 했어요. 어떻게 그렇게 할 수 있냐고 물어봤죠. 법을 어기는 것이 아니냐고 했더니 대한민국엔 별난 법이 다 있기 때문에 괜찮다고 하더라구요. 만약에 일이 잘못되어 갔다가 다시 와야 해도 괜찮다고."

한국에 들어온 지 몇 년이 지났지만 공장에서 일만 하던 그는 브로커가 신용이 어쩌고 할 때 잘 알아듣지 못했다.

"일단 제 주민등록번호부터 보자고 하면서 신용이 어느 정도냐고 물어보는데 저는 신용이란 것 자체도 잘 몰랐어요. 어쨌든 어긋나지 않고 제도에 맞게 해준다고 하니까 그래서 맡겼죠."

표정이 어두웠고 담배는 줄지 않았다. 그의 말을 액면 그대로 믿기는 어려웠다. 어쨌든 대출을 받아 갚지 않고 도망간다는 사실은 알고 있었을 터였다. 책임이 없다고 말하기는 어려웠다. 다만 얼마를 빌렸는지 어떻게 빌렸는지에 대해 모르고 피해를 본 것은 확실해보였다. 캐나다에서 강씨가 만난 탈북자들은 드러내놓고 얘기하지는 않았지만 대부분 그런 식의 빚에 얽매여 있는 것으로 보였다.

"사람들이 한국으로 다시 돌아가고 싶어도 갈 수가 없어요. 빚 때문이죠. 만나면 우는 사람들이 많아요. 한국으로 돌아갔다가 빚 때문에 자살한 사람이 있다는 얘기도 들었는데, 지금 제가 딱 그 심정입니다."

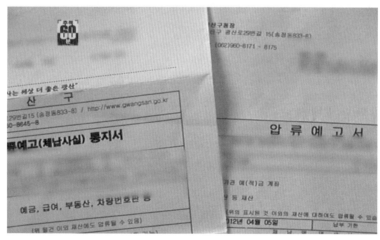

강씨를 비롯해 한국을 떠났다가 돌아온 탈북자들이 제일 먼저 확인하는 것은 압류와 같은 각종 서류뭉치들이다.

시간이 늦어지면서 주변을 오가던 인적이 뜸해졌다. 가로등 밑에서 강씨는 가져온 봉투를 뒤적이더니 서류를 보여줬다. 차량등록증이었다. 모두 강씨의 이름으로 되어 있는 서류는 몇 십 장은 돼보였다. 강씨가 접촉했던 브로커는 중고 자동차를 사고파는 사람이었다.

"만나고 다음날 인감을 같이 떼러가자고 그러더라고요. 신분증도 달라는 대로 줬죠. 무슨 자동차 회사 사무실이었는데 그 사람이 내 신분증을 가지고 올라가더니 '야, 네 신용 정말 좋구나' 라고 했던 게 기억나요."

브로커는 강씨의 이름으로 차를 뽑기 시작했다. 한창 차를 뽑을 때 그 사무실에 다른 탈북자들도 여럿 드나들었다. 소개로 온 사람이 다른 사람을 소개하고 또 다른 사람을 소개하고, 그런 식이었다. 사무실에 아예 인감도장을 깎아오는 여직원이 있을 정도였다. 하나원에서 교육받을 때 인감도장을 누구에게 빌려주지 말라고 했던 것이 기억났지만 한국에 정착해 살면서 강씨는 인감을 써본 일이 없었다. 그래서 '인감증명이라는 종이 한 장이 뭔 의미가 있겠나' 라고 생각했다. 브로커는 서류를 만드는 데 능했다. 강씨를 어떤 회사에 다니는 것처럼 근무확인서를 만들었고 회사 도장도 모두 가짜로 만들었다. 그렇게 만든 서류들이 어디에 쓰이는지는 알지 못했지만 강씨는 돈이 필요했기 때문에 모른 척했다. 그리고 아들과 함께 비행기를 탔다.

"캐나다에 가니까 내가 당시에 가 있을 때만 해도 탈북자들이 800명 정도가 왔다고 하더라고요. 근데 내가 거기 교회에 나갔는데, 우리 북한사람들만 주로 모이는 교회가 있거든요. 사람들이 대출 얘기를 하는데 뜨끔 하더라고."

강씨의 난민 신청은 기약이 없었다. 난민 신청을 하고 좀 기다리면 영주권이 나온다는 얘기도, 영주권이 나오면 곧 시민권이 나온다는 얘기도 모두 뜬소문이었다. 누구도 책임지지 않는 얘기였고 책임은 소문에 몸을 맡긴 강씨에게 있었다.

"제가 거기 넉 달 정도 있었는데 실제 영주권이 나왔다는 우리 북한 사람들을 한 명도 보지 못했어요. 제가 숱하게 우리 사람들을 만나 봤는데, 한 백 명도 넘게 만났을 거예요. 영주권을 받은 사람은 단 한 명도 보지 못했어요."

아들을 볼 때마다 술과 담배만 늘어갔다. 술을 한잔 하면 브로커 얼굴이 떠올랐고, 담배를 물면 그의 웃던 모습에 울컥하고 화가 쌓였다.

"자기도 북한사람이라면서 자기가 대출해서 외국으로 내보낸 사람만 해도 한 달에 열 명이 넘는다고 뻐기던 게 생각나요. 점점 손님이 많아지면서 이게 장사가 되는 장사라고 하던 그 얼굴이 잊히질 않아요."

결국 돌아온 강씨는 가족과 갈라졌다고 했다. 같이 살고 싶어도 합칠 형편이 안 되었다. 빚더미에 앉은 그는 가족만이라도 옳게 건사하고 싶었다. 소송을 하겠다고 중얼거렸지만 소송을 할 돈도 기력도 마땅치 않아 보였다. 뭐라 조언이라도 해주고 싶었지만 건넬 말이 없었다. 그도, 취재진도 한동안 말없이 있다가 헤어졌다.

대출 브로커 그리고
잔인한 대출 서류 뭉치

　　　　　　　　　　대출 브로커에 얽힌 탈북자를 찾는
것은 그리 어렵지 않았다. 혹시라도 언론이 도움이 될까 하는 심정도
한 몫을 했다.

"대출을 받아가지고 가야만 우리가 그것으로 안도의 숨을 쉬고 조
금이나마 살 수 있으니까. 그래서 대출을 좀 받게 됐어요."

'최'라고만 밝힌 그도 강씨와 마찬가지로 근처 임대아파트에 사는
탈북자였다.

"차 두 대에 핸드폰을 제 이름으로 여섯 대, 와이프 이름으로 일곱
대, 이렇게 뽑았어요."

최씨의 명의로도 사업자등록증이 만들어졌고 서류가 쌓여가는 것
을 지켜본 대가로 얼마간을 쥐고 캐나다로 갔다. 그리고 그 역시 열 달
만에 돌아왔다. 최씨는 아이들을 아직 북에 두고 있다. 돈을 벌어 정기
적으로 송금을 했는데 북에 조금 더 많은 돈을 보내고 싶어 캐나다행
을 택했다. 남에서의 차별도 지긋지긋했다.

"미국이나 캐나다 가면 인간 차별이랄까, 그런 것이 덜할 것 같기
도 했죠. 우린 같은 민족이라면서 차별이 있잖아요. 거기는 북한사람
이라는 거 알아도 아무도 상관 안하지만 여기는 '북한사람이다' 그러
면 확 바뀌잖아요."

최씨는 남한사람들에게 할 말이 많아 보였다. 그의 표정은 '너희는

뭐가 그렇게 잘났냐 고 묻고 있었다.

"'우리 사회주의 사람들이 여기 사람들하고 다른 것이 좀 있지만 사회가 발전하지 못해서 그런 거지 내가 너보다 못한 게 뭐냐' 이런 생각으로 살았는데 잘 안되더라고요."

회사에서 조선말을 하면 동료들이 낄낄댔다. 무안하고 창피스러운 상황을 수없이 겪고도 적응이 안됐다. 아이들을 데려오지 않은 이유도 그것 때문이었다. 아이들은 차라리 북에서 사는 것이 낳을 것 같았다. 송금해주는 돈이면 북에서 남부럽지 않게 살 수 있다.

"1년에 3백만 원 보내주면 아이들이 그런 대로 살아가요."

서울에 살고는 있었지만 고향이라는 살가움도 없었다.

"하나원에 있을 때 집을 배정해주잖아요. 정부에서 배정해주는데, 모두 서울에 가겠다고 하니 전부 서울로 보낼 수는 없고, 그러니까 제비뽑기를 합니다. 뽑힌 사람은 서울로 가고 떨어진 사람은 뭐 경상도도 가고 충청도도 갔죠."

배정해주는 대로 임대아파트에 들어왔기 때문에 특별히 정을 붙일 만한 의미도 계기도 없어 떠나는 것은 수월했다. 최씨는 브로커에게서 돈이 들어오자마자 짐을 쌌다.

하지만 캐나다행이 모든 것을 망쳤다. 귀국은 했지만 그는 이미 집도 직장도 모두 버리고 떠난 상황이었다. 아이들에게 송금을 계속 해줄 수 있을지도 불투명했다. 최씨는 돌아와서 브로커를 찾았다. 전화번호는 이미 없는 번호였고 최씨가 드나들던 브로커의 사무실엔 다른 간판이 걸려 있었다. 어깨가 늘어져 있는 그에게 물었다. "범죄인 것을

추적 60분 취재진이 한국을 떠났다가 돌아온 후 확인한 빚 때문에 괴로워하다가
목을 매 자살한 탈북자의 시신이 발견된 장소를 확인하고 있다.

알고 있지 않았냐"고. "잘 됐으면 이런 모습이겠냐"고. "그 대출은 부
실 채권으로 처리될 테고, 남아 있는 사람들에게 짐이 될 텐데 잘못인
것을 알고 있지 않았냐"고. 한참을 말이 없었다. 대답을 기대한 것은
아니었지만 한 번은 물어야 할 질문이었다. 침묵이 깨지고 목소리는
들릴락 말락 낮았다.

"이제 감옥 가는 것밖에 없나 그런 생각도 들고. 남한 브로커들이
북한사람들 해외로 내보내면서 돈 뜯어먹는다는 얘기를 듣긴 했는데,
죽어야 하나, 어디에 목을 매야 하나, 소문엔 목맨 사람도 있다 하던
데, 나무에 목매 죽었다고…."

임대아파트에 처음 들어가던 날 최씨는 욕실에서 뜨거운 물로 샤워
를 하면서 펑펑 울었었다. 탈북자들은 더운물로 몸을 씻는 것을 좋아
했다. 샤워기에서 더운물이 뿜어져 나올 때 북에 두고 온 아이들 생각

이 나 최씨는 쏟아지는 물에 눈물을 섞고는 했다. 국경을 넘을 때나 그때나, 오로지 살아야지 하는 생각뿐이었던 그였다. 그런데 지금 그는 죽어야지라는 말을 중얼거리고 있었다. 그가 들고 다니는 대출 서류 뭉치가 무척이나 잔인해보였다.

브로커를 직접 만나다

●
:
.

브로커에게 듣는
장밋빛 미래

전화벨이 울린 지 두 번 만에 상대
방 목소리가 나왔다. 남자인데도 밝고 사근사근했다. 누구누구 소개
로 전화했다고 하자 그가 대뜸 말했다.

"돈이랑 좀 해서 가려고요? 아니면 그냥 가시려고요?"

더듬거리는 모양새를 보이자 이번엔 아이 얘기였다.

"아기 있어요? 독신이 아니고 아이가 있으면 더 좋죠. 저쪽에 가면
교육비로 한 달에 몇 십만 원 정도가 나오거든요."

그는 아무것도 신경 쓰지 말고 맡기라고 했다. 들어갈 때 하라는 대
로 하면 도착해서 사람이 마중 나오니까 그 사람 차 타고 같이 가면 거

기서 다 해준다는 말을 힘주어 했다.

"그대로 하면 돼요."

그가 되풀이해서 한 말은 '그대로 하면 된다'는 말이었다. 한 번에 너무 많이 진도가 나가는 것도 이상할 듯해서 내일 다시 통화하자는 말을 남기고 전화를 끊었다. 소개받은 대출 브로커와의 첫 통화였다.

다음날 점심을 먹고 다시 전화를 했다. 주변은 시끄러웠다. 밖은 아니고 사무실인 것 같았는데 바로 옆에서 누가 다른 사람과 통화를 하고 있는 듯 여러 사람의 목소리로 시끄러웠다.

"제가 가려고 해도 돈 벌어놓은 게 없어서요."

"그럼 해가지고 가면 되죠."

"어떻게 하는데요. 돈이 없는데 비행기표도 그렇고, 아이까지 데리고 가려면 비용이 많이 들 것 같은데."

"방법이 여러 가지가 있어요. 그건 알아서 해드릴게요."

"어떤 방법으로 하신다는 건지. 우리 같은 사람이 신용이 있는 것도 아니고. 어떻게 한다는 거죠?"

"그건 알아서 할 테니. 한 가지만 물어볼게요. 혹시 면허증 있나요?"

"네. 2종 있어요."

"그리고 아이가 다섯 살이라고 했죠? 그러면 아이는 지금 나이에 나가는 것이 제일 좋아요. 아이들한테는 한국말도 안 잊어버리고 영어도 빨리 배우려면 대여섯 살이 제일 좋다고 전문가들이 그러더라구요. 더군다나 그쪽은 교육하고 그런 게 다 무료예요. 무조건 무료, 교육하는 건."

아이 얘기가 섞이면서 대화에 온기가 붙었다. 그는 부모의 마음으로 아이를 생각한다는 말투를 썼다. 캐나다의 공립 유치원이 하루에 몇 시간을 하고 그 나라는 숲이 많아 아이들이 뛰어 놀기에 좋다는 말까지, 마치 엄마들의 수다에 나올법한 이야기를 쉴 새 없이 쏟아냈다. 아이 얘기가 한 순배 돌고나자 그가 대출 얘기를 꺼냈다.

"다른 대출은 알아봐야 하는데 힘들 수도 있고 될 수도 있고. 일단 차 대출을 할 거예요. 그래서 그걸 돈으로 만들 거예요. 바로 만들 수 있어요."

"그럼 이자 많이 내야 하는 것 아닌가요?"

"어차피 안 내는 건데 뭔 상관이에요. 이자가 제일 싼 게 은행하고 차 대출인데. 차 대출은 바로 돼요. 일주일 이면 될 거예요."

돈을 만드는 데 그리 많은 시간이 걸리지 않는다고 몰아치던 그가 바로 내일 주민등록증과 인감증명서를 가지고 사무실로 들르라고 고삐를 당겼다. 한국을 떠나려는 탈북자 명의로 차량을 산 후 그 차량을 이용해 대출을 받는다는 탈북자들의 증언 그대로였다. 그는 핸드폰도 뽑자며 부추겼다.

"내가 아는 사람들 갈 때 전부 핸드폰 좋은 것으로 뽑아가지고 갔어요. LTE 알죠? 많이들 뽑아가요."

그는 핸드폰은 남한이 세계 최고라며 말에 힘을 붙여 이어갔다.

"먼젓번에 간 사람하고 통화했는데 핸드폰 안 뽑아가지고 간 것을 후회하더라고. 아무 생각 안하고 그냥 쓰던 접이식 가지고 갔는데 다른 우리 사람들은 전부 최신 것을 쓰고 있다는 거야. 캐나다에서 살려고 하니까 비싸고 남한 것만 못하고. 그래서 후회하고 있다고 하더라고. 일단 간 사람들은 여기서 우물쭈물하다가 안 해가지고 간 것을 후회하게 돼. 후회할 필요가 있나? 많이 해서 많이 가지고 가는 게 좋은 거지."

아마 사기꾼의 말들이 모두 이럴 것 같았다. 논리가 있어 그럴 듯했고 개인 사정을 이야기할 때는 정감이 있었다. 묘사는 디테일이 살아 있었고, 가 있는 사람들과 계속 통화한다며 그쪽 사정을 생생하게 얘기할 때는 눈앞에 캐나다가 보이는 듯했다. 단 이틀 통화했을 뿐인데 캐나다행에 대한 장밋빛 전망이 스멀거릴 정도였다. 그 환상 속에 차와 핸드폰 여러 대가 당장 며칠 내에 쌓여갈 터였다. 비행기 타기 전 손에 쥐는 돈의 몇 배에 달하는 차와 핸드폰은 결국 그의 몫이 될 것이다. 내일 당장 신분증을 들고 만나자는 그와 약속을 하고 전화를 끊었다. 전화기 너머로 오늘 장사를 성공적으로 마친 그의 표정이 궁금해졌다.

브로커들을 만나려면 소개가 중요했다. 전화 통화야 연락을 끊으면 됐지만 만난다는 것은 소개를 해준 사람의 안위가 걸릴 수도 있는 문제여서 조심스러웠다. 무엇보다 그들은 범죄임을 알고 있는 사람들이었다. 소개 없이 일단 전화를 해보기로 했다. 전화는 친분이 있는 탈북자의 도움을 청했다. 억양과 말투는 취재진이 흉내 낼 수 있는 것이 아니었다. 역시나 브로커는 매우 조심스러워 했다. 어떻게 번호를 알았냐며 거듭 물었다.

"만나서 상담을 해야 하고 전화상으로 말씀드리기는 그렇고요. 여

기가 강북구 자동차 매매시장인데, 중고차 많은데 아시죠. 일단 이쪽
으로 와서 얘기하시죠."

중고차 매매시장에서 만난
차량 대출 전문가

통화에 도움을 요청했던 탈북자와
함께 알려준 중고차 업체 사무실을 찾았다. 친구라고 적당히 둘러대고
말없이 지켜볼 계획이었다. 중고차 업체가 몇 모여 있는 곳이었다. 왔
다 갔다 하는 사람에게 상호를 묻자 귀찮은 표정으로 컨테이너 건물 2
층을 가리켰다. 철제계단은 삐거덕거리며 소리를 냈다. 손잡이 윗부분
은 반질거렸고 아랫부분은 녹이 슬어 있었다. 사무실에 들어서자 마침

브로커를 만나기 위해 중고차 매매시장을 직접 찾아간 취재진.

　　　　　　　　　　　　제4장 _ 범죄에 노출된 탈북자들

잠시 나갔다며 기다리라고 여직원이 한마디 했다. 철제 책상이 세 개 있었고 두 자리는 비어 있었다. 책상 맞은 편 소파에 앉았는데 커피를 가져다주지는 않았다. 여직원은 어떤 손님인지 아는 듯했다. 사무실의 전화는 분주하게 울려댔다. 여직원은 번호를 보고 전화를 골라 받는 것처럼 보였다. 번호에 따라 그녀의 목소리는 상냥하기도 했고 싸늘하기도 했다.

반시간쯤 흘렀을까 풍채가 좋은 한 남자가 들어왔다. 전화기 너머로 들리던 경계심은 우리를 보자 풀어진 듯했다. 악수를 청하며 소파 맞은편에 의자를 갖고 와 앉았다. 이미 캐나다에 대한 얘기를 어제 통화에서 넌지시 해놓은 후였다. 그가 캐나다가 좋다며 말을 열었다.

"일단 거기가 집을 준다고 하더라고."

간단한 통성명과 고향을 물어본 후 바로 반말이었다.

"집을 주는데 여기처럼 주공아파트 작은 거 그런 게 아니고 단독주택 같은 걸 주는데 한국식으로 말하면 별장이라고 하기에는 약간 뭐한 그런 주택을 주고 한국보다는 크지. 정착금도 똑같아. 여기서 한 사람이 월에 50만 원 정도 받으면 거기는 한 70만 원 정도. 20만 원 정도 더 받는 거지."

그는 집세가 한국보다 싸다는 말을 덧붙였다. "물가가 비싼 나라인데 집세가 싸다고요"라는 반문에 그가 말을 잘랐다.

"난민들에게 나오는 거라 집세가 싸요. 혜택도 다 받을 수 있고. 의료보험 1종하고 애들 학교 같은 것은 무상교육으로 다 되고."

말이 걸쭉하고 거침이 없었다. 그가 그려주는 캐나다는 흡사 북에서 수령이 약속하던 지상낙원 같았다. 젖과 꿀이 흐르는 낙원을 말하는 그는 중간 중간 입이 마르는지 연신 물을 마셨다. 궁금한 것이 생길 때쯤 궁금증을 해결해주는 것도 신기했다. 집 주고 생활비 주고 교육까지 해주는데 그러면 신분은 어떻게 주는 것인지가 궁금해질 때쯤 그가 영주권 이야기를 했다.

"영주권은 가서 보통 3개월 만에 나와. 시민권은 그 영주권을 받고 3년 동안 사고를 치지 않으면 나오지. 정착을 잘 하고 있어야 되는 거야. 일단 난민 신청하고 조사받는 기간 동안 영주권은 바로 나와. 빠르면 두 달 만에도 나온다고 하더라고."

그러면서 난민 신청을 하기 위한 준비를 철저히 해야 한다며 가르치기 시작했다.

"뭐 넘어온 지 오래됐겠지만 '장군님 노래' 하고 '유일사상 10대원칙' 같은 것 다시 잘 외워야 하고. 탈북하고 한국을 안 거치고 캐나다로 바로 가는 거니까. 이 이동 경로에 대해 질문하면 대답 잘 할 수 있게 준비하고. 공민증은 우리가 만들어주니까 걱정 안 해도 되는데 요새는 다들 공민증을 가지고 가니까 별로 중요한 거 같지는 않더라고."

가르침은 세심했고 친절했다. 캐나다 이민국과 난민 사무소를 뚫기 위해 그는 알아야 할 것들을 정리한 문건을 주겠다고까지 했다. 속된 말로 시험 볼 때 필요한 족보 같은 것이었다. 이렇게까지 챙겨주는데 뭔가의 제안을 거절하기는 쉽지 않아 보였다. 또 그는 이미 많은 탈북자들이 한국을 떠났다는 것을 강조했다.

"노르웨이, 네덜란드, 캐나다, 호주, 뭐 미국에 영국까지 북한사람들이 많이 나가 있거든. 한집 건너 알고 보면 다 북한사람이야. 모이는 교회도 있고. 걱정하지 않아도 돼."

다들 나가고 모여 산다. 불안감을 해소해주는 마지막 당근이었다.

지상낙원에 대한 일장 연설이 끝난 다음에야 그는 명함을 건네줬다. ○○중고차라는 글자가 선명했다. 박경호라는 이름 옆으로 핸드폰 번호가 두 개가 적혀 있는 것이 특이했다. 박씨가 자리를 옮기자고 했다. 동행한 취재진에게 의심의 눈길을 한번 줬지만 친구라는 말에 이내 신경 쓰지 않았다. 사무실 옆에는 작은 방이 하나 따로 있었다. 탁자 하나와 캐비닛이 전부였다. 누구냐고 묻지도 않던 그가 갑자기 우리에게 사장님이라는 호칭을 쓰기 시작했다.

"사장님이라고 부르면 되지? 뭐 여기 찾아오는 사람은 전부 사장님이지."

씨익 웃을 때 그의 입이 크게 벌어졌다. 돈 이야기를 해보자며 그가 계속 말을 이어갔다.

"일단 내가 먼저 챙기는 것이 1인당 300이야. 이건 대출하고 상관없이 그냥 내가 받아야 하는 돈이야. 일종의 착수금 같은 건데. 나는 돈 문제는 절대 속이지 않아. 받아야 할 돈이 있으면 확실히 얘기하고 시작하지. 서로 돈 갖고 미적대봐야 일만 엉키지."

이전에 통화했던 브로커와 마찬가지로 그는 먼저 차 대출 얘기를 했다. 차를 뽑고 대출 받아서 돈을 만든다는 얘기는 똑같았다. 대출 얘기를 하면서 반말이 섞이긴 했지만 그는 사장 뒤에 '님' 자를 붙여 말하기 시작했다. 그는 신용대출은 작업하는 데 시간이 걸린다며 우선

면허증을 딸 것을 권했다.

"면허증을 따야 돼. 면허증을 따서 차를 한 6천만 원짜리를 뽑으면 그 절반인 3천쯤을 만들 수 있어."

이해가 안 간다는 우리의 표정을 보자 그가 좀 더 자세히 말했다.

"자동차 대출이란 게 일단 내가 6천짜리 차를 뽑았다고 칩시다. 그 게 할부니까 할부 저당 설정을 잡는 거예요. 그러면 그건 압류된 차가 되기 때문에 제 값을 다 받을 수 있는 게 아니거든. 절반 값인 3천쯤으로 쳐주는 거지. 그럼 나는 거기에 10%인 300을 챙기는 거고."

차를 담보로 잡히고 돈을 빌리는지 아니면 대포차로 팔아 돈을 챙기는지 그는 자세한 얘기는 하지 않고 차로 돈을 만든다는 표현만 썼다. 신용을 작업해준다는 것이 궁금해 신용이라는 얘기를 꺼내자 그가 기다렸다는 듯이 설명을 시작했다.

"사장님이 여기 한국 와서 신용을 얼마나 잘 지켰는가에 따라서 다른데, 신용불량이 됐으면 아무것도 안 되는 거고 연체 없이 깨끗하면 4,5천 정도 만들어줄 수도 있고."

그의 손이 사무실을 가리켰다.

"여기 내 동생이 사장님 신용을 올려주는 그런 역할을 하는 사람이 있어. 사장님이 회사도 다니고 부동산도 있고 뭐 이렇게 만들어주는 거지. 그 동생이 지금 그렇게 만들어주고 있는 사람도 4명이나 되거든. 은행이라는 데가 전세로 담보 대출 받고 그런 거를 전산에 입력해서 신용을 만드는 데, 한국사람하고 짜고 전산에 입력을 하는 거지."

만약 그의 말대로 은행과 관계된 한국사람이 개입되어 있으면 경찰이 바로 수사를 해야 할 일이었다. 금융은 사회의 질서가 안전하게 유지될 수 있는지를 볼 수 있는 바로미터다. 금융 질서를 어지럽히는 일은 중범죄로 다뤄야 한다. 신고해야 하나 하는 생각에 귓불에 힘이 들어갔다. 하지만 그는 더 이상 자세한 얘기를 이어가지는 않았다. 신용을 만드는 데 시간이 걸린다는 말로 넘어가더니 스스로 할 수 있는 일도 있다며 침을 튀겼다.

"사장님이 할 수 있는 일도 있어. 일단 은행에 가서 카드를 신청해. 카드 신청하면 신용이 올라가. 그리고 5만 원짜리 적금. 농협에다가 5만 원, 국민은행에 5만 원, 신한은행에 5만 원 이렇게 세 개 은행에 5만 원씩 적금을 들어. 적금을 들어도 신용이 올라가. 이런 거는 일 시작하면 우리 동생이 자세히 알려줄 거야."

눈치를 보아하니 그는 차량 대출을 전문으로 하고 은행에 신용 대출을 받는 일은 또 다른 브로커가 있어 보였다. 담배 한 대 피우고 오겠다며 잠깐 사무실을 나왔다. 중고차 매매상이라 차가 수십 대가 이층 삼층에 빼곡히 포개져 있었다. 중고차답지 않은 날렵하고 깨끗한 외관의 차들도 제법 눈에 띄었다. 혹시 저 차들이 탈북자들 명의로 구매한 차들이 아닐까 하는 의심이 순간 머리를 스쳤다. 한 명에 여섯 대, 일곱 대씩 차를 뽑는다는 말을 들었기 때문에 여기 있는 차 전부를 의심해도 될 법했다. 중고차 매매상과 차량 대출 브로커는 원스톱 서비스처럼 효율적인 조합이었다. 담배를 피운 후 다시 들어가서 브로커를 한 번 떠보기로 했다. 캐나다로 갔다가 다시 돌아오면 신용불량이 되는 것 아니냐고 묻기로 했다.

"가서 영 짓거리 못하고 다시 돌아온다고 하면 순서가 어떻게 되는 겁니까?"

"그렇죠. 그러면 그 돈을 갚아야 하는 거죠. 안 갚으면 신용불량자 되는 거지."

"그거 무서운 거 아닙니까?"

"아이 참. 사장님 신용불량이라는 게 신용불량만 된다 뿐이지 그거 가지고 뭐 경찰서 가거나 그런 건 없어요. 그리고 대한민국에는 다 방법이 있어. 만약 내가 1억을 대출 받았다 칩시다. 그럼 그 1억을 다 갚을 필요도 없어. 나중에 캐피탈하고 은행하고 쇼부를 치는 거야. 50%만 갚을 테니 신용불량을 풀어줘라. 그러면 걔네들은 절반이라도 받는 것이 중요하니까 다 해제해주고 그래. 그리고 돌아오긴 왜 돌아와. 캐나다 간 사람들이 다 그래. 여기서는 너무 스트레스 받았는데 거기는 스트레스라는 게 없다고. 정부에서 돈 다 나오지. 그리고 자식들을 생각해야지. 애들이 영어 유창하게 하고 캐나다에서 대학 공부를 다닌다고 생각해봐."

걱정하는 기색을 보이자 안심시키기 위한 그의 장광설이 한참 이어졌다.

"대출 받아 가지고 가는 돈. 그 돈 쓸 필요도 없는 나라가 캐나다야. 혹시 몰라 만들어가지고는 가는데. 생각해봐. 거긴 알바하면 여기 돈으로 하루에 15만 원을 줘. 대충 아무 알바나 해도. 여긴 편의점이 한 시간에 4,500원이잖아. 거긴 알바만 해도 충분히 먹고 살 수 있어. 대출 받은 돈은 딱 건사하고 가지고 있는 거야."

제4장 _ 범죄에 노출된 탈북자들

생각할 것 없이 내일 당장 주민등록증하고 챙겨오라며 돌연 어깨를 주무르면서 하는 마지막 말에 그는 자식을 들먹였다.

"실제 가는 거. 애들 때문에 가는 거잖아. 여기서 애들 공부시키려면 얼마 드는지 기사 봤지? 애 한 명 대학 가는 데 1억2천이라잖아. 일해 봐서 알잖아. 한 달 일해 봐야 잘 하면 한 150 받을 텐데. 어이구 그 몇 달 아니 몇 년을 모아야 그 돈이 되는 거야. 어떻게 공부시키려구 그래. 애들 생각해야지. 안 그래?"

그의 사무실을 나서며 동행해준 탈북자에게 소감을 물었다. 그러자 그가 되물었다.

"아직 잘 모르죠?"

"뭐 말입니까?"

"저 사람들이 중국에도 연결되어 있다는 얘기도 있어요."

"무슨 얘기죠?"

그는 탈북자들 사이에서 아는 사람은 아는 얘기라 했다. 아예 중국에서 들어올 때부터 해외 망명을 생각하고 브로커의 관리 하에 들어오는 탈북자들도 있다는 얘기였다. 한국은 돈을 만들어 빼가기 위한 중간 기착지에 불과하다는 말이었다.

"그 사람들 나갈 때 몸뚱아리 빼고 전부 현금으로 만들어가지고 나간단 말이 있어요. 텔레비전, 냉장고 이런 것도 몽땅 팔고. 대출 최대 한도로 땡기고."

취재진과 동행한 탈북자는 작은 공장에 다니면서 가족들과 함께 살고 있었다.

"그러면 이선생님도 생각해본 적이 있으신가요?"

"우리처럼 사회주의에서 살던 사람들, 자본주의에서 살려면 정신 똑바로 차리고 살아야지요. 내가 아는 친구도 호주에 갔었는데 한 40여 명 호주에 있다고 하더라구요. 그런데 그 사람들 몽땅 사기 당해서 정말 자기 손에 쥔 건 그냥 몇 백만 원밖에 못가지고 있더랍니다. 몇 천만 원 해주기로 해놓고 정작 몇 푼 안 쥐어준 거지요. 정말 한국에 다시 돌아올 수 있는 그런 상황도 아니고. 뭐 어떻게 하겠어요. 호주에서는 추방령은 떨어졌지. 그저 뭐 불법체류하는 거지. 저 사기 치는 인간들이 우리 같은 탈북자들 여럿 아니 수백 명은 망쳤을 겁니다."

헤어지면서 저런 버러지들은 꼭 신고해서 처벌해야 한다고 신신당부했다. 한국 사회에 잘 적응이 안 돼서 외국을 가는 거야 할 수 없는 일이지만 가더라도 주변에서 대출 받고 가라 이딴 말에 절대 유혹되지 말라고 널리 알려달라고 했다.

"전부 사기란 말입니다. 우리 사람들 불쌍해 죽갔단 말입니다. 남한 사람들 심심하면 북한 새끼들 다 때려죽여야 한다고 하고, 그런 남한 사람들이 우리 사람들 꼬여서 해외에 버리는데, 방송국이 이런 것 좀 꼭 고쳐줘야 하지 않겠습니까?"

브로커의 장광설도, 쓸쓸히 돌아서 집으로 향하던 탈북자의 뒷모습도 우리만 모르는 뭔가 거대한 벽처럼 느껴졌다. 분명 같은 사회에 살고 있는데 우리는 전혀 모르고 있었다. 알아갈수록 커져만 가는 이 불편한 진실이 정말이지 무겁게 불편해졌다.

캐나다로 몰려드는 탈북자들

●
⋮
⋮

토론토는 오대호 연안에 있는 캐나다에서 제일 큰 도시다. 한인타운이 두 곳에 형성되어 있을 정도로 한인들도 많이 살고 있었다. LA 한인타운의 축소판 같은 아기자기한 한인타운을 빠져나와 차로 한참을 달리자 '교회' 라는 한글 팻말이 보였다. 취재진은 탈북자들이 자주 모인다는 이야기를 듣고 이 교회를 찾아 목사를 만났다.

"2007년부터 소수가 들어오기 시작한 것 같아요. 2011년 또 2012년 해서 많이 들어왔죠. 정확한 통계는 없지만 제 생각으로는 1,000명에서 1,500명 정도 있을 겁니다."

탈북자들의 캐나다행은 2008년을 전후해 영국과 유럽의 난민 심사가 엄격해지면서 본격화됐을 것으로 추정된다. 유럽행을 안내했던 단순 브로커들이 대출 사기 등으로 진화한 것도 이 무렵이었을 것이다.

캐나다가 관대하다는 소문이 삽시간에 탈북 커뮤니티를 통해 전파되면서 불과 2~3년 새 천여 명이 넘는 탈북자들이 몰린 것이다.

"이민국에 가서 아침에 난민 신청을 하면 임시난민증을 줍니다. 임시난민증을 가진 사람은 여기 적십자사에 전화를 하면 토론토 시내에 적십자사가 가지고 있는 쉘터(shelter) 중 한 곳으로 그분들을 보내주지요. 그곳은 직접 음식을 해먹을 수 있는 시설이 되어 있어요. 그날부터 생활비를 주고 그렇지 않은 데는 그곳에서 음식을 제공합니다. 그리고 용돈으로 한 사람당 일주일에 25불 정도를 줄 거예요. 그렇게 지내다가 인터뷰를 통과해서 난민 지위를 받으면 그때부터 정부의 보조를 받아요. 식구 수에 따라서 기본 생활비를 받는 거죠. 자세한 것은 따져봐야 되지만 제가 알고 있기로는 한 사람은 599불, 둘일 경우에는 1,050불일 거예요. 아이는 한 명당 230불을 추가로 주고요. 학교는 18세까지 보내게 되어 있어요."

영국 런던의 한인타운인 뉴몰든에 수백 명의 탈북난민들이 몰리면서 재영조선인협회라는 단체가 생겨났다. 토론토에도 많은 수의 탈북자들이 몰리면서 일부가 협회를 만들어 활동하려고 준비 중이었다. 교회의 소개로 취재진은 협회 일을 하고 있다는 변씨를 만났다. 회비를 내는 회원은 삼백 명 정도고 어림잡아 천은 넘을 것 같다는 것이 변씨의 말이었다. 물론 모두 난민 지위를 얻은 것은 아니었다. 신분을 받은 사람들은 그나마 한인타운 인근에서 연락을 취하고 살았지만 나머지는 어디에서 뭘 하고 있는지 도통 알 수 없다고 했다. 취재진은 변씨에게 요즘은 캐나다의 상황도 좋지 않다는 소문에 대해 물었다.

"우리 사람들을 도와주는 변호사가 있어요. 그분 말인데 난민 심사가 엄격해지긴 했대요. 그런데 그게 특별히 우리 같은 탈북자들 때문에 그렇지는 않다 하더라고요. 그 무슨 나라냐, 그렇지 멕시코 같은 나라에서 1년에 1만 명이 넘게 몰려온다고 해서 그 법을 강화시켰다고 합니다."

그는 캐나다에 온 것에 대해 만족한다고 했다. 만족하지 않고 상황이 좋지 않았으면 취재진을 만나지도 않았을 것이 분명했다. 사실 캐나다로 넘어온 탈북자들에게 듣고 싶었던 것은 한국에서 캐나다행을 준비하면서 만난 브로커들에 대한 이야기였다. 하지만 그것은 범죄였기 때문에 굳이 취재진을 만나 그런 이야기를 해줄 사람을 찾는다는 것은 순진한 생각이었다. 난민비자를 기다리면 실낱같은 희망을 품고 있는 사람들이 어찌 될지도 모르며 그런 이야기를 해줄 리 없었다. 이야기를 나누고 있는 변씨도 어떤 사정이 있는 사람인지는 모를 일이었다. 성은 변씨가 맞는지, 이름은 본명인지 가명인지, 그 누구도 알 수 없었다. 이들은 과거를 지우는 데 익숙했다. 국경을 넘으면서 조선을 지웠고 한국으로 들어오면서 중국에서의 생활을 지웠다. 이제 캐나다로 왔으니 한국을 지우는 것은 어찌 보면 당연했다. 다만 변씨는 상황이 좋지 않은 사람들이 문제가 좀 있다고 넌지시 말했다.

"여기가 근무시간에는 술 먹는 사람들이 별로 없어요. 그런데 식당에 가면 우리 사람들이 대낮에도 좀 있어요. 남자들 몇이 몰려와서 소주 몇 병 먹고 술이 좀 취한단 말이지요. 주인이 '이제 그만들 하세요' 그러면 '아주머니 여기 술 좀 가져오시우' 이런 식으로 해서 큰 소리도 내고. 그런 것은 내가 볼 때도 보기가 좀 그렇더라고요."

수소문하며 다니다가 잠시 만난 한인회 회장도 일부 탈북자들 얘기를 하면서 혀를 찼다.

"이 사람들이 경제관념이 없더라고요. 한국에서 받은 정착금인지 아니면 어떻게 만들어가지고 온 돈인지는 모르겠는데 돈들을 좀 갖고 오긴 해요. 여기에 물건 좋은 게 많으니까, 예를 들어 압력밥솥 500불이 넘는 게 있는데, 한인들은 그런 비싼 것 잘 안 삽니다. 그런데 상점에 갔더니 그 사람들이 그 비싼 걸 막 사는 거예요. 이거 좋다, 너도 사라, 너도 사라 해가며 말이지요. 그 사람들이 그냥 줄지어서 들어와가지고 물건 산다고 소문도 났었어요. 실제로 내가 보기도 했고."

변씨는 안 좋은 이야기들은 하지 말아달라고 했다.

"사실 우리가 무서울 게 뭐가 있겠어요? 조국을 떠나서 온 건데. 겁이 없죠. 무서우면 여기까지 오지도 못하죠."

오로지 자식들 때문에 온 사람들이 태반이라는 말은 변씨에게 듣기 전에 영국에서도 벨기에에서도 미국에서도 들은 말이었다. 본인들이 노스코리안이라는 말도 모두 듣던 이야기였다.

"북한에서 넘어온 사람들 소외감을 많이 받아요. 그래도 자기들은 괜찮단 말이에요. 그런데 그게 자식대까지 가는 거예요. 걔네들은 한국에서 태어났는데도 집에서 엄마 아빠가 북한말 사투리를 쓰니까 애들끼리 다투고 싸울 때 북한말이 튀어나오죠. 그러면 노스코리아라는 부모의 딱지가 자식들한테까지 따라가게 되는 거죠. 그러다가 천안함 같은 것 하나 딱 터지면 '빨갱이 죽이자' 이런 말들이 쏟아지는데, 그걸 듣는 애들은 어떻겠어요. 겪어보지 않은 사람은 말을 하지 말아야 해요. 엄청난 상처가 되는 거예요."

피붙이를 낳아 본 사람들은 모두 안다. 그 어떠한 것도 자식보다 중요한 것은 없다. 자식을 위해서라면 성자도 도둑질을 할 수 있고 거짓말을 할 수 있다. 변씨는 그런 부모의 심정을 말하고 있었다. 이후에도 캐나다로 흘러 들어온 몇몇을 더 만날 수 있었다.

"한국 사람들이 우리를 사람 취급하느냐"며 격하게 쏟아내는 사람도 있었고, "그래도 말이 통하고 배려해주는 한국이 좋다"며 절대 오지 말라는 사람도 있었다. "브로커에서 속아가지고 돈도 다 털리고 국제고아가 될 뻔했다"며 울먹이는 사람도 있었고, "보험을 들어 대출을 받아 가지고 왔는데 평생 씻지 못할 죄를 지은 것 같다"며 고개를 떨구는 사람도 있었다. 온 지 1년이 지났는데 아직 영어 이름을 못 지었다며 멋쩍어하는 사람과 아직 북한에 두고온 가족들이 배불리 먹고 있지 못하다고 하소연하는 사람 모두 어쩌면 우리의 이웃이어야 할 사람들이었다. 가르고 타박하기 전에 이웃으로 인정해줬어야 할 사람들이었다.

"엄마도 도와주고 싶고 엄마 고향사람들도 도와주고 싶고. 그래서 전 변호사가 될 거예요."

눈이 크고 또렷한 혜린이가 말했다. 계단에 걸터앉아 허공에 뜬 발을 휘젓고 있었다.

"한국에 있을 때는 그냥 뭐 적응이 안 됐어요. 내가 지우개를 잃어버려서 지우개 좀 빌려달라고 하면 빌려주지도 않고 '쟤는 나쁜 나라에서 왔데요' 이러고."

　이윽고 채 열 살도 안 되어 보이는 아이가 눈물을 떨어뜨렸다. 어린 아이답지 않은 서러운 울음을 보였다. 늘 그랬을 그들에게 해줄 말을 찾긴 어려웠다. 그 아이는 취재진이 캐나다를 떠나며 마지막으로 본 우리의 이웃일 수도 있었을 우리 사람이었다.

‖ 제5장 ‖

드레스덴의
약속

1998년 그는 동서포럼을 창립했다. 주말마다 자신의
농가주택에 동서독인을 초청했다. 처음에는 남녀 비율
에 맞춰 10여 명 내외를 초대했고, 모임이 활성화되면
서 수십여 명이 오는 경우도 있었다. 2박3일 동안 서로
의 삶을 이야기했다. 식사를 하면서도 이야기했고 뜰에
서 꽃에 물을 주면서도 이야기했다. 벽난로에 불을 때
면서도 모여 이야기하고 또 이야기하며 서로를 듣기 위
해 애썼다. 이 과정에서 가슴속에 응어리진 편견을 없
애는 것이 괴델리츠의 목표였다.

박근혜 대통령의
드레스덴 독트린

시작은 술자리에서 얻어 들은 한 마디였다.

"요즘 해외로 위장 망명하는 탈북자들이 있다던데."

이 한 마디를 시작으로 취재진은 6개월에 걸친 인터뷰와 촬영 및 자료조사 끝에 2012년 4월 KBS 스페셜 '탈북 그 후, 어떤 코리안'을 제작, 방송했다. 그 어떤 정부의 통계나 전문가들의 조사도 부재한 상황에서 취재진은 전화번호와 주소 하나만 들고 유럽과 북미를 찾아다니며 50여 명에 가까운 해외 탈북난민들을 방송 최초로 인터뷰하는 데 성공했다. 신분을 드러내는 일을 꺼리고 숨어사는 데 익숙한 이들임을 감안할 때 이례적인 성과였다. 취재 중 접한 탈북 브로커들의 조직적 개입과 대출 사기는 2012년 8월 KBS 추적 60분 '2012 탈남 보고서'를 통해 고발했다. 이후 방송 프로그램에 대한 호평과 후속 조치를 요구하는 여론이 잠시 있었다. 하지만 방송 몇 번으로 세상이 바뀌길 기대하는 것은 어렵다. 여전히 많은 탈북자들은 우리의 이웃이 되길 포기하고 암암리에 해외로 나가고 있을 것으로 추정된다. 국내 체류 탈북자가 2만 명이 넘고 탈북자들의 몫으로 국회의원도 나왔지만 그들의 삶은 여전히 퍽퍽하고 고단하다. 이등도 아닌 삼등국민으로 스스로를 자조하는 그들에 대한 문제는 이후에도 가끔 언론을 오르내렸지만 해결은 고사하고 공론의 장으로 끌어내오는 것도 벅찬 것이 현실이다.

2012년 12월 대한민국은 새로운 지도자로 박근혜를 선택했다. 그보다 앞서 북에서는 김정일의 후계로 갓 서른을 넘긴 김정은을 추대했다. 남과 북, 공히 새로운 지도자를 맞이한 상황이 어떤 결과를 가져올지 국내는 물론 외신들도 주목했다.

1년 후인 2014년 1월, 박근혜 대통령은 신년 연두교서에서 '통일은 대박이다'라는 화두를 던졌다. 통일준비위원회라는 실체를 제시하며 통일을 국정의 어젠다로 내세우는 대통령의 의지를 언론들은 저마다의 잣대로 옹호하거나 비판했다. 분분한 의견은 주로 이념과 물적인 잣대를 기반으로 했다. 북한 지하자원의 가치 혹은 인프라 수준 같은 수치들이 지면을 오르내렸고 민감한 권력지형의 변화가 화면을 채웠다. 이를 지켜보는 취재진은 무거워지는 마음을 감추기가 어려웠다. 통일의 예행연습이라 할 수 있는 대한민국 내의 탈북자 문제를 취재했던 당사자로서 통일 논의에서 중요한 축인 사람과 사람의 통합 문제에 대한 논의가 일절 없는 것이 아쉬웠다.

그러던 중 취재진은 이 주제와 관련한 중요한 촬영을 할 기회를 얻었다. KBS 스페셜의 후속인 KBS 파노라마에선 2014년 6월 여야 국회의원 4인의 독일 기행을 제작, 방송했다. 그들은 9박10일 동안 독일 8개 도시를 다니며 정치와 통일이라는 주제로 토론을 했다. 그중 한 곳인 드레스덴 교외에서 진행된 '동서포럼'이라는 프로그램 참관이 인상적이었다. 옛 동독지역과 서독지역 사람들의 대화 프로그램인 동서포럼은 우리가 탈북자는 물론 통일을 대비해 북한 주민들을 어떻게 대해야 할지에 대한 진지한 고민을 던져줬다.

드레스덴은 독일의 수도인 베를린에서 2시간 가량 떨어진 곳에 있는 도시다. 엘베강이 도시를 가로지르고 있고 독일의 피렌체라고 불릴 정도로 아름다운 도시다. 2차 세계대전 당시 드레스덴은 연합군의 주요 폭격 대상이었다. 특히 전쟁이 끝날 무렵인 1945년 2월 어느 날 영국 폭격기 800여 대가 4,000톤이 넘는 폭탄을 쏟아부으면서 드레스덴은 철저하게 파괴당했다. 증언에 따르면 시내 곳곳의 불기둥이 몇 만인지도 모를 사람들을 삼켰다고 한다. 전후 동서독으로 분단되면서 드레스덴에는 소련군이 진주했다. 이후 드레스덴은 복구를 거쳐 동독의 공업 거점 도시 역할을 했다. 전쟁과 분단의 상징과도 같던 도시 드레스덴이 통일의 이정표로 떠오른 것은 베를린 장벽이 붕괴된 1989년이었다. 1989년 12월 19일 당시 서독의 총리였던 콜은 드레스덴을 방문했다. 그는 성모교회 앞에서 공개적으로 독일 통일에 대해 언급했다.

콜의 회고에 따르면 이때가 독일 통일 과정에서 가장 중요한 순간이었다. 그는 연설에서 "역사적인 순간이 그것을 허용한다면 나의 목표는 한결같이 우리 민족의 통일"이라고 밝혔다. 이어 "우리 독일인들에게 자결권이 있느냐고 묻는다면 그 답은 '예스'"라며 "여러분이 국가의 미래를 위해 결정하는 것을 존중한다"고 말해 독일 통일을 독일인의 힘으로 이루어낼 것임을 공개적으로 밝혔다.

독일은 2차 세계대전의 패전국이라는 한계가 있었다. 베를린 장벽은 무너졌지만 독일 스스로 통일을 말하기에는 한계가 존재했다. 승전국인 미국, 영국, 프랑스, 소련의 동의가 있어야 통일에 대한 논의를 시작할 수 있는 제약이 독일 정치인은 물론 국민의 머릿속에 있었다. 하지만 콜은 드레스덴에서 이 한계를 무너뜨려 버렸다. 그는 독일을 바라보는 유럽 각국의 불안한 심정을 부인하지 않았고, 평화와 유럽의 공동이익에 복무할 것이라는 약속을 했다. 그는 40년을 기다렸다는 말로 연설을 마무리했다.

"친구와 친척, 가족이 다시 함께 만났다. 우리는 그것을 위해 40년을 기다렸다. 지금 그것을 체험할 수 있게 허락된 것을 감사하게 생각한다."

당시 서독 내에서는 급격한 통일에 대한 회의가 많았다. 점진적 통일을 주장하는 정치인과 학자들의 목소리가 만만치 않았다. 하지만 콜의 이 드레스덴 연설 이후 독일은 10개월 만에 극적으로 통일을 이루어냈다. 박근혜 대통령이 2014년 봄 독일 방문에서 드레스덴 대학을 찾아 북한에 대한 지원 의사를 밝힌 드레스덴 독트린에는 이런 배경이 있다.

지주 괴델리츠는
왜 동서포럼을 만들었나

드레스덴에서 북쪽으로 50Km를 달리면 '굿 괴델리츠' 라는 곳이 나온다. 굿(GUT)에 농장이라는 뜻이 있고 괴델리츠는 사람 이름이니 우리식으로 해석하면 '괴델리츠 가문의 농장' 이라는 뜻이 된다. 양 옆으로 끝도 없는 밭이 펼쳐진 외통길을 십여 분쯤 더 들어가자 크고 고풍스러운 농가 주택이 모습을 드러냈다. 괴델리츠 가문의 집이었다. 2층과 3층으로 이루어진 몇 개의 고풍스러운 주택이 서넛 모여 있었다. 마당이 밭으로 이어져 주택은 드넓어 보였다. 괴델리츠씨가 지주였음을 한눈에 알 수 있었다. 백여 년은 훌쩍 넘을 것 같은 문 위의 등은 반질거렸고 벽 사이를 지탱하고 있는 나무기둥의 색은 위엄 있게 바래 있었다.

괴델리츠씨를 만났다. 60은 넘은 것 같았는데 악수를 하는 손아귀에 힘이 있었다. 그의 가족은 전쟁이 끝나고 소련군이 진주하면서 서독으로 이주했다. 가족이 살던 건물이 몰수당한 직후였다. 땅을 소유했던 지주에 대한 처우가 어떨지는 확연했다. 떠날 수밖에 없었다. 집을 버리고 서독으로 도망치듯 나온 괴델리츠는 이후 정치학을 전공했다.

"공부를 하면서 그렇게 '굿 괴델리츠' 가 생각나더라고요. 철마다 마당에 피던 꽃과 잡풀 하나하나까지 생각나는 것이 신기했어요."

그는 분단시절 동베를린에 있는 서독의 한 공관에서 일하며 고향과의 끈을 놓지 않기 위해 애썼다. 그리고 40년 만에 기적처럼 통일이 찾아왔다. 희끗희끗해진 머리칼이 바람에 날렸고 10대에 고향을 떠났던 소년은 그렇게 집으로 돌아왔다. 한순간도 잊은 적이 없던 귀향이었다. 그가 돌아왔을 때 굿 괴델리츠로 들어오는 길은 군데군데 끊어져 있었고 건물은 빈 채로 있었다. 건물이 연방정부의 소유로 넘어가는 바람에 괴델리츠는 자신의 돈을 들여 건물을 다시 사야 했다.

"여든을 앞둔 어머니를 모시고 돌아왔죠. 어머니가 말씀하셨어요. 이곳은 동독이었다. 대지주에 대한 시선이 안 좋은 사람들이 주변에 많을 테니 우리가 처신을 잘해야 한다."

그가 안내해준 집 복도에 영화에서 본 듯한 조상들의 초상화가 늘어 있었다. 괴델리츠의 어머니는 고향집을 밟고 얼마 후에 세상을 떴다. 괴델리츠가 초상화를 가리키며 어머니의 말을 마저 전해줬다.

"'조심스럽게 행동하고 과거 우리가 잘못한 일, 우리가 책임질 일은 없는지 살펴봐야 한다'고 하셨습니다. '공산주의자는 결코 하늘에서 떨어지는 게 아니라 부당한 사회의 산물이다' 라는 말씀을 하셨죠."

고향땅을 찾았지만 이웃과는 물과 기름처럼 섞이지 못했다. 몇 십 년을 나눠져 있던 그들이었다. 동독 공산당은 공공연하게 독일에는 두 개의 민족이 있다고 동독인들을 선동했다. 자본주의 민족과 사회주의 민족이 그것이다. 그럴듯한 이론들이 덧붙여졌고 생김새와 말글은 비슷하지만 서로 다른 민족임을 교육받았다.

괴델리츠는 되찾은 땅을 5헥타르씩 나눠 주변의 땅 없는 주민들에게 분배했다. 농사를 지을 것도 아니었고 과거처럼 지주로 살 것도 아니었기 때문에 미련이 없었다. 그리고 옛 동독인들과 어떻게 다리를 놓을 수 있을지를 고민했다. 그리고 그는 대화를 선택했다. 살아온 이야기를 진솔하게 나누는 대화의 장, 동서포럼의 시작이었다.

1998년 그는 동서포럼을 창립했다. 주말마다 자신의 농가주택에 동서독인을 초청했다. 처음에는 남녀 비율에 맞춰 10여 명 내외를 초대했고, 모임이 활성화되면서 수십여 명이 오는 경우도 있었다. 2박3일 동안 서로의 삶을 이야기했다. 식사를 하면서도 이야기했고 뜰에서 꽃에 물을 주면서도 이야기했다. 벽난로에 불을 때면서도 모여 이야기하고 또 이야기하며 서로를 듣기 위해 애썼다. 이 과정에서 가슴속에 응어리진 편견을 없애는 것이 괴델리츠의 목표였다.

지금까지 수천 명이 동서포럼을 다녀갔다. 대화가 들어낸 갈등은 다양했다. 많은 동독사람들이 서독사람들에 대한 피해의식을 말했다. 본인이 몇 십 년을 살고 있던 집을 하루아침에 원래 주인이었던 서독사람에게 내주게 된 동독인에게 통일은 고통이었다. 서독인에게 대항할 그 어떤 것도 동독인들은 가지지 못했다. 그들은 변호사도 몰랐고 통일 이후 연방법의 기준이 된 서독의 법체계도 알지 못했다. 그저 짐을 싸가지고 서독사람이 타고 온 벤츠 옆을 지나가야 했다. 재산 분쟁은 무려 만 건이 넘는다고 괴델리츠는 말했다. 비단 동서독의 문제만이 아니었다. 동독인끼리의 갈등도 심각했다.

"한번은 동독 비밀경찰인 슈타지 요원이 왔었는데 그때 참석했던 다른 한 명이 슈타지에게 체포돼 감옥에 갔던 사람이었어요. 분위기가

싸늘했었습니다. 슈타지에 복무했던 사람은 국가의 명령에 따랐을 뿐
이라고 목소리를 높였고, 슈타지에 당했던 사람은 분노에 어찌할 바를
몰랐습니다."

통일과 함께
잉여가 된 사람들

별다른 해결책을 제시해주지는 않
았음에도 사람들이 알음알음 모여들었다. 취재진은 수백 번은 되풀이
됐을 이 모임을 지켜보기로 했다.

저녁 해가 들판 뒤로 모습을 감추자 차량 불빛이 하나둘 농장에 모
이기 시작했다. 모여드는 사람들은 다양했다. 백발이 성성한 노인도
있었고 정장을 깔끔히 차려입은 여성은 서른이 갓 넘어 보였다. 오래
된 농가 주택의 벽난로에 불길이 이글거렸다. 나뭇가지가 타는 둔탁한
소리 앞에 사람들이 모여 앉았다. 구면인 사람들도 있었고 처음 보는
사람들도 있는 듯했다. 괴델리츠가 모인 사람들에게 독일말로 뭐라 뭐
라 이야기하자 자신을 소개하며 대화가 시작됐다.

"제 이름은 아스트리트 프리젠. 올해 53세입니다. 저의 가족은 이
근처에 있는 플레게 마을에서 대대로 살아온 토박이입니다. 1945년 소
련군이 귀족과 지주들을 처형하면서 부모님은 도망을 쳤습니다. 그리
고 저는 서독에서 태어났습니다."

"저는 1939년 헝가리의 작은 마을에서 태어났습니다. 부모님이 헝

가리계 독일인이셨는데 1948년 헝가리에서 추방당해 이리로 왔습니다. 동독이 무너질 때 저는 50세였는데 다시금 고향을 잃었다는 느낌이 들었습니다. 이사조차 하지 않았는데 갑자기 살고 있는 나라가 달라진 겁니다."

"저는 베아테 볼터스이고 47세입니다. 지금도 어린 시절이 생생하게 기억나는데요, 저는 동독과 서독의 국경에서 12km쯤 떨어진 서독의 한 마을에서 자랐어요. 당시 국경 지역 견학이 학생들의 의무였어요. 감시탑과 자동발사대 같은 것도 봤어요. 그때는 제가 동독지역에서 살게 되리라고는 생각도 못했죠."

사람들이 자신의 이름과 어디에 사는지, 살게 된 내력 등을 돌아가며 말했다. 현재 거주지에 정착하게 된 짧은 말 속에 독일 분단의 역사가 묻어나왔다. 장벽이 붕괴되고 통일이 된 후 어떤 변화들이 있었는지가 궁금해 물었다. 잘라이라고 밝힌 정갈한 차림의 백발 남성이 손을 들었다. 그는 통일 이전 자신의 직업이 교수였다고 했다. 가르치는 일밖에 몰랐고 20여 년을 한결같이 집과 강의실을 오가는 생활을 이어왔는데, 통일은 하루아침에 그의 인생을 바꿔놓았다고 털어놓았다.

"장벽이 무너지고 직장을 잃었습니다. 제 담당 학부에서 정치적 성향을 지닌 교수들은 모두 해고당했습니다. 저는 동독 공산당의 대외 전략에 대해 가르쳤는데 통일이 되고 전혀 쓸모없는 것이 되어 버렸습니다. 가장 힘들었던 건 실업자가 된 뒤 노동청에 갈 때마다 내가 쓸모없는 인간이란 느낌이 든다는 것이었습니다. 통일과 변혁이라는 단어는 저를 패배자로 만들었을 뿐입니다. 실직 후 서독으로 건너가 함부르크, 본 등지에서 일자리를 찾았습니다. 하지만 6년간 5차례나 실직을 했고 결국 다시 이곳으로 돌아왔습니다. 말도 적어졌습니다. 할 말도 없었습니다. 이 모임에 참여하고 나서야 조금씩 말을 하기 시작했습니다."

잘라이 교수의 말에 취재진이 만났던 몇몇 탈북자들의 얼굴이 겹쳐졌다. 그들도 북에서 번듯하게 하던 일이 있었지만 그들이 평생을 바쳐온 일은 대한민국에서 손톱만큼의 가치도 없을 때가 많았다. 김일성의 혁명 역사를 가르쳤다는 이가 그랬고, 군대에서 15년간 레이더만 조작했다던 이가 그랬다. 인생이 순식간에 잉여로 전락할 수도 있는 것이 통일임을 잘라이 교수가 이야기하고 있었다.

노교수가 몇 차례 기침을 쿨럭 거리며 말을 마치자 구석에서 듣고 있던 젊은 여성이 손을 들었다. 그녀는 현재 드레스덴 인근 소도시의 현직 시장이라고 했다. 아니타 마스라고 자신의 이름을 밝혔는데 통일될 때 열세 살, 7학년이었다고 말을 열었다.

"저는 드레스덴 근처의 작은 도시에서 자랐습니다. 신축된 지역에 살았는데 집도 좋았고 난방시설도 있었고 크고 잘 꾸며진 저만의 방도 있었습니다. 공부를 잘해서 러시아어를 배울 수 있는 학급에 진학도 했죠. 아버지 덕이 컸습니다. 서독과의 접촉은 전혀 없었고 평화로운 청소년기였죠. 하지만 저희 가족도 통일로 인해 망가졌습니다. 아버지가 연구소 소장으로 계셨는데 서독에서 공무원들이 왔고 연구소를 접수하면서 모든 업무를 그들에게 넘겨줘야 했습니다. 그리고 아버지를 해고했죠. 아버지가 당시 노동법원에 소송을 하기도 했지만 바뀐 것은 없었습니다. 그런 제가 서독체제에 대해 긍정적인 시각을 갖는다는 것은 쉽지 않은 일이었습니다."

마스의 유년은 부러울 것이 없었다. 아버지는 당원이었고 지역에서 존경받는 학자였다. 대학 부설 연구소의 소장이었고 당은 그에게 합당한 보상을 해줬다. 그녀가 사진을 한 장 꺼내 주변과 취재진에게 보여줬다. 사진 속의 소녀는 흰색 블라우스에 파란색과 빨간색이 섞인 스카프를 두르고 환하게 웃고 있었다. 사회주의 국가들은 유소년들도 조직화했는데, 마스는 자신이 속해 있던 피오네르 소년단에서 주목받는 아이였다. 그녀의 기억 속에 서독과 서유럽은 어둡고 칙칙했다. 지리교과서는 동유럽을 알록달록하고 예쁜 색깔로 그렸다. 하지만 프랑스, 이탈리아 등은 그냥 흑백이었다.

"교과서에 있던 파리 항공사진을 정확히 기억하는데요. 흑백으로 표현된 파리의 모습은 너무 볼품이 없었어요."

하지만 통일 이후 교과서의 내용은 정반대로 바뀌었다.

"동독 시절 배우던 역사교과서가 서독 출판사의 교과서로 대체됐죠. 그러면서 우리가 그때까지 배운 내용들이 180도 뒤집어지더라고요."

마스의 유년은 그렇게 부정당하기 일쑤였다. 그녀가 대학에 진학한 이후에도 마찬가지였다. 동독의 주택정책을 석사 논문 주제로 하려고 하자 서독 출신 교수는 연구 가치가 없다며 냉담하게 거절했다.

"서독에서 오신 분들이 그때까지도 동독을 흑백논리로만 보고 있다는 걸 알 수 있었습니다. 저는 최대한 중립적 시각에서 동독의 주택

정책을 분석해 서독과 비교하고 싶었지만 결국 논문을 쓰지 못했습니다."

그리고 그녀는 대학을 졸업한 후 정치 활동을 시작했다. 부정당한 유년이 불합리하다고 생각했기 때문이었다. 동서포럼에 참여한 이유도 자신이 시장으로 있는 도시 시민들의 힘겨운 인생 이야기를 어떻게든 대화의 장으로 꺼내고 싶어서였다.

마스 시장과 잘라이 교수 모두 동독에서의 삶을 인정받지 못한 괴로움을 토로했다. 통일 직후 치솟은 구동독 지역의 실업률은 이들의 고통을 증폭시켰다. 드레스덴은 동독에서도 과학기술이 발전하고 소득 수준이 가장 높은 도시 중 하나였다. 하지만 1990년대 초 드레스덴의 실업률은 20% 가까이 치솟았다. 공식 통계의 숫자가 이럴 정도였으니 세 명 중 한 명 꼴로 직업이 없었다고 보는 편이 맞을 것이다. 옛 동독 지역의 공장은 열에 아홉 정도가 문을 닫았다. 상품은 조악했고 생산성은 떨어졌다. 서독 제품과 경쟁이라는 단어가 무의미했다. 많은 동독 주민들은 서독의 다양하고 화려한 제품에 환호했다. 마스에게도 통일은 서독 상품의 냄새로 처음 기억되고 있었다.

"동독에 일명 인터숍이라는 것이 있었는데 서독 제품을 서독 마르크로 구입할 수 있는 상점이었습니다. 통일이 되고 어머니가 어디에서 서독 마르크를 얻어 오셨어요. 저는 어머니와 함께 그 상점에 갔습니다. 그 인터숍에서 풍기는 향기는 어떤 것과도 비교할 수 없었습니다. 그 향기가 아직도 내 콧잔등에 남아 있는 것 같아요. 비누와 세제, 초콜릿 등이 한데 섞여 풍기는 것이었는데 그것이 제게는 서독의 향기였고 통일이었습니다."

옛 동독 주민들이 서독 제품에 열광할수록 그들의 공장은 문을 닫았고 일자리는 사라져갔다. 지금 드레스덴에서는 옛 동독의 낡은 공장을 찾으려야 찾을 수가 없다. 드레스덴은 서독의 자본이 들어오면서 대규모 연구단지로 탈바꿈한 지 이미 십여 년이 넘은 후였다. 드레스덴 공대는 우수한 인력들의 공급처로 유명해졌고 폭스바겐을 비롯한 서독의 자본은 서독보다 낮은 임금에 다투어 드레스덴에 공장을 지었다.

취재진은 수소문 끝에 쿠덴트라는 과자 공장을 찾았다. 러시아 빵을 생산하는 업체였다. 옛 동독 시절 쿠덴트 공장의 달콤한 러시아 빵은 많은 동독인들에게 공급됐다. 정해진 양을 생산했고 1940년대에 개발된 기계와 맛은 통일될 때까지 그대로였다. 취재진이 공장에 들어서자 동독 시절 쓰던 기계와 사진 그리고 각종 훈장들이 입구에 전시되어 있었다. 하지만 통일 쓰나미를 쿠덴트 공장도 피해가지는 못했다.

"우리에게는 물건을 만들어 시장에 판다는 개념 자체가 없었습니다. 통일이 되고 육 개월 만에 공장을 폐쇄하기로 했죠."

홍보 담당자가 당시의 사진을 보여줬다. 작업대는 텅 비어 있었고 몇몇이 찡그린 얼굴로 담배를 피우고 있었다. 흑백이라 사진은 더 음울해보였다. 서독의 자본이 쿠덴트 공장에 투자를 결정하고 나서야 공장의 기계는 다시 돌 수 있었다. 운이 좋았다. 쿠덴트 공장은 인근에서 유일하게 살아남은 공장이다. 그러나 대부분의 공장은 문을 닫았고 실업률은 높아졌고 동독인들은 고향을 떠났다. 동독인들이 고향을 등지는 비율 역시 실업률만큼이나 올라갔다. 사람들이 떠난 자리는 곧 금이 갔고 무너져 내렸다. 남은 사람들은 떠나지 못해 남았을 뿐이었다. 범죄율이 치솟고 불만에 가득 찬 젊은이들은 극우 나치에 가입해 도시를 활보하는 현상까지 보였다. 악순환이었다. 동독인들은 절망했다. 서독 정부가 대규모의 예산을 쏟아 부어 외양은 점차 낳아져 갔지만 상실감은 쉽사리 달래지지 않았다.

괴델리츠가 한 설문 조사 결과를 취재진에게 보여줬다.

"여기 모인 저희 회원들을 보면 아주 평화롭다는 느낌이 드실 겁니다. 하지만 1990년대 초반부터 설문조사를 실시했는데, 동독인의 70%가 지금도 2등국민인 것 같은 느낌이 든다고 대답했습니다. 즉 1990년대 초반의 떠들썩한 분쟁은 사라졌지만, 이제 그 갈등이 조용히 암묵적으로 진행되고 있다는 뜻입니다."

장벽이 무너진 지 25년이 지났지만 아직도 현재진행형이라는 것이 괴델리츠의 설명이었다.

"1990년대 초반에 만약 서독인이 '우리 독일인들'이라 말했다면 동독인이 그 즉시 반박했을 겁니다. '너희만 독일인이냐, 우리도 독일인이다. 우리가 더 진정한 독일인일 수도 있다. 너희는 미국숭배에 찌들었다. 언어 면에서나 나머지 면에서나 우리가 훨씬 더 진짜 독일인에 가깝다'라면서 말입니다. 하지만 요즘 만약 누군가가 '서독인이 진정한 독일인이다'라고 말한다면 동독 출신은 그 즉시 등을 돌려버릴 것입니다. 마음의 문을 닫고 상대조차 하기 싫다는 겁니다. 논쟁도 꺼리는 거죠. 이것이 통일로 인한 문제가 해결된 듯 보이는 지금 독일의 현실입니다."

벽난로의 모닥불이 사그라지면 두꺼운 장작을 꺼내 다시 던져 넣기를 여러 번. 이야기는 좀처럼 끊기지 않았다. 자신의 이야기를 한번 털어놓기 시작한 사람들은 쉽사리 멈추지 못했다.

취재에 동석했던 국회의원 중 신의진 의원은 연세대 세브란스병원의 정신과의사 출신이다. 신 의원 눈에 동서포럼은 매우 인상적이었다. 신 의원은 취재진에게 이 프로그램은 꼭 국내에 소개해야 할 가치가 있다면서, 무엇보다 피해자라고 생각하는 사람들 스스로가 털어놓게 하는 것이 중요하다고 덧붙였다. 아동 성폭행 피해자를 여러 명 돌보면서 심리적 치유에 대한 다양한 경험을 쌓은 신 원은 통일에 대비해 동서포럼처럼 소프트웨어에 방점을 찍는 방향이 중요하다고 했다. 지금까지의 탈북자에 대한 지원이 하드웨어, 즉 일단 의식주를 해결해주기 위한 측면이 강했다면 앞으로는 우리가 놓쳤던 그들과의 정서적 통합에 대한 부분을 세심히 챙겨야 한다는 얘기였다.

전혀 다른 체제에서 살았고 너무나도 다른 교육을 받은 사람들이기 때문에 말이 통한다고 모든 게 해결되는 것은 아니란 지적이었다. 동서포럼에 참여한 사람들의 대화를 듣다보니 특히 체제와 개인을 분리해서 보는 것이 중요해보였다. 동독 출신들은 충실하게 노력하며 살던 본인들이 왜 하루아침에 몹쓸 사람들이 되었는지가 가장 이해가 안 된다며 억울해했다. 체제의 실패이지 개인의 실패가 아니라는 말을 하는 사람도 있었다. 괴델리츠는 처음 동서포럼을 진행할 때 동독은 실패했다는 선입견이 가장 힘들었다고 털어놨다.

"당시 모두가 흑백논리의 잣대로 동독을 그릇된 시절로 낙인찍어 버렸고 많은 동독인들은 그것이 곧 자신들이 잘못 살아왔다는 선언이라고 느꼈습니다. 그리고 그에 대한 반동으로 동독인들은 옛 동독 시절을 미화하기 시작했습니다. 점차 간극이 생기기 시작한 것이죠. 선과 악, 흑과 백으로 구분해버리는 게 빠르고 쉽긴 하겠죠."

옆에서 듣던 베아테 볼터스가 덧붙일 말이 있다면서 끼어들었다. 그녀는 서독 출신의 정신과의사 겸 심리치료사였다. 통일 후 그녀는 연고가 없던 동독 지역으로 들어와 터를 잡았다. 단지 산과 들을 좋아하는 남편과 도시 생활에 지쳐서 내린 결정이었는데 생각지도 못한 어려움이 기다리고 있었다. 이웃인 동독 주민들과의 갈등이었다. 특히 그들은 상당 기간 대놓고 서독 출신인 그녀를 비아냥댔다.

"1997년에 프라이베르크로 이사했는데 인구가 4만밖에 안 되는 소도시였습니다. 그런데 그곳에서 저는 심한 차별을 느꼈어요. 심리학에서는 희생자들에게 전형적으로 나타나는 패턴이 있다고 하는데요. 옛 동독 출신들은 자신들을 희생양으로 간주했죠. 그 부분을 방어기제나 상대방을 비하하는 심리로 상쇄하려 합니다. 제가 그 대상이 된 것이죠. 그 마을에 서독 출신은 저희 가족밖에 없었는데 이웃 주민들의 차별을 견디기 힘들었습니다. 전원생활을 위해 이주한 것이 악몽이 되었어요. 결국 대도시인 드레스덴으로 다시 이사를 나올 수밖에 없었습니다. 그래서 동서포럼에 관심을 가졌는지도 모릅니다. 직업이 심리치료사이다 보니 이 문제를 어떻게 해결해야 하나라는 관심도 있었고요. 언젠가 동서포럼의 공개토론회에서 제가 서독인이기 때문에 차별당

드레스덴에서 동서독 출신들의 대화 프로그램인
동서포럼을 참관하고 있는 한국의 국회의원들.

하고 있다는 느낌이 든다고 말한 적이 있는데 동독 출신 청중들이 매우 놀랐습니다. 보통은 자신들이 늘 차별당한다고 생각하고 있었으니까요."

그녀는 동독 지역 주민들의 분노를 이해할 수 있다고 했다. 그들로서는 갑자기 나라가 달라진 것이다. 가족, 친구와의 단절도 때론 겪어야 했다. 그들이 안전하다고 느꼈던 모든 것이 갑자기 사라진 셈이었다.

그녀는 한국사람들이 "상대방을 품기 위해선 장기적인 시각과 인내심을 갖는 것이 중요하다"는 것을 꼭 알아야 한다고 말했다. 동독의 땅값이 싸다는 사실 외에는 아는 것이 아무 것도 없는 서독사람들도 많았다. 그녀도 동독에 대해 별다른 지식이 없었고 또 아무런 준비 없이 단지 낭만적인 생각만으로 동독 지역으로 이주를 했었다. 마을에서 처음 대화를 할 때 서로 사용하는 단어의 뜻을 이해하는 데도 한참의

　　　　　　　　　제5장 _ 드레스덴의 약속

시간이 걸릴 정도였다. 분단되었던 반세기 동안 분단을 의식하지 못하고 살았던 그녀는 오히려 통일이 된 다음에야 분단을 실감하며 살게 되었다.

한국 국회의원들이
동서포럼에 간 까닭

　　　　　　　　　동서독사람들이 서로를 소 닭 보듯 한다는 말이야 알고 있었지만 경험자들의 말을 직접 들어보니 이야기를 듣는 내내 마음이 묵직해질 정도로 불편했다. 취재진이 한참을 듣고만 있던 여야 국회의원들에게 "우리가 통일이 되면 어떤 일이 생길까요"라고 물어보았다. 초선의 이언주 의원이 먼저 입을 열었다.

　"제가 볼 때는 역사를 평가하거나 체제에 대해서 평가를 할 때는 냉정하게 해야 되겠지만, 평범한 일반 국민들은 진짜 자기 부정의 느낌을 받을 수 있겠다는 생각이 듭니다."

　"공산 정권에서 살았던 사람들하고 나중에 만나서 함께 살 때 지금 여기서처럼 서로를 공격한다면 문제가 많을 거예요. '너는 공산당 시절에 거기서 살았던 사람'이란 사실만으로 모든 걸 다 나쁘다고 몰아가면서 '나쁜 교육을 받았던 사람'이란 식으로 몰면 상대방은 충분히 반발할 수 있다는 것이죠."

　보수적인 대북관을 가지고 있는 새누리당의 홍일표 의원도 동서포럼의 문제의식에 충분히 공감한다며 말했다. 변호사 출신인 우윤근 의원은 대화를 들으며 당장 우리의 문제가 될 만한 부분이 느껴졌다고 했다. 사유재산, 즉 땅과 집의 문제였다.

"너무 디테일한 문제 같기도 하지만 재산권 문제가 심각하다고 여기서도 많이 이야기가 됐습니다. 우리는 사유재산권이 인정되고 북한은 그렇지 않아서 통일 이후에 굉장한 혼란이 야기될 수 있을 것 같습니다. 괴델리츠씨가 지금 이 집을 되찾는 문제도 그랬고요. 북한의 부동산 소유권 처리도 굉장히 심각하고 어려운 문제가 될 겁니다. 뿐만 아니라 일자리 문제도 당장 심각한 갈등 요인이 될 것 같습니다. 통일이 돼서 만약 북한 지역에 남한식 시장경제체제가 들어선다면 좋은 일자리는 누가 차지하겠어요. 북한사람들은 일자리를 얻는 것이 매우 힘들 것이라는 생각도 듭니다. 이런 것이 누적되어 사회문제가 되겠지요."

신의진 의원은 눈에 보이는 것보다 눈에 보이지 않는 문제가 느껴진다고 했다.

"만약 통일이 되어 한 직장에서 일을 한다고 가정하면 사소한 오해가 많을 것 같습니다. 서로 일 처리하는 방식도 다르고 예를 들면 한쪽에서는 문제가 안 되는 것도 다른 쪽에서는 문제가 될 수 있으니까요. 그럼 뭘 그렇게 야박하게 구느냐고 불만을 터트릴 수도 있겠죠. 한 공간에서 지내다 보면 이런 식으로 사람의 차이, 습관의 차이가 미묘하게 계속 부딪힐 겁니다. 결국 '저 사람들 하고 일 못 하겠어' 까지 가고 그러면 일자리 상황은 더 나빠지고 이런 악순환이 되풀이될 거거든요. 저는 통일 이후에 벌어질 많은 갈등들이 그냥 지금 상상이 갑니다. 진짜 골치가 아플 것 같아요. 미리미리 고민하지 않으면 굉장한 혼란이 있을 수 있을 것 같다, 이런 생각이 듭니다."

서너 시간 남짓한 동서포럼의 대화를 지켜보는 것만으로도 의원들은 통일 이후에 벌어질 혼란상에 대한 우려를 쏟아내고 있었다. 혼란과 갈등을 대화로 풀어보자고 시작한 동서포럼은 올해로 20여 년 가까이 진행되고 있었다. 매월 1회 진행하는 공개 행사에는 아직도 200여 명 가까운 사람들이 모여든다고 했다. 모임을 마무리하면서 괴델리츠는 동서포럼을 통해 독일 사회가 극단으로 흐르는 것을 막고자 했다는 말을 남겼다. 서로가 마음을 터놓고 대화하며 과거에서 교훈을 얻을 수 있어야 극단주의자들이 나라를 좌지우지하는 상황을 막을 수 있다는 것이다.

"저는 아직도 몇 년 전 옛 동독 출신 주민이 한 말을 잊을 수 없습니다. 어떤 서독인이 좋은 뜻으로 그에게 뭔가를 가르쳐줬습니다. 하지만 그는 이렇게 대꾸했다고 합니다. '잠시만요. 참고로 저는 통일되기 전에도 이미 글을 읽고 쓸 수 있었습니다. 나이프와 포크도 쓸 줄 알았고요. 자, 말씀하시려는 게 뭐였죠?' 라고요. 서독사람들은 알 수가 없던 일입니다. 이 일을 시작한 지 십수 년이 되어 가지만 저는 아직도 그들에 대해 모르는 것이 많고 배우고 있습니다. 아마 한국도 그럴 겁니다."

굿 괴델리츠에서의 밤이 막을 내렸다. 모닥불도 재만 남았다. 분단이 되고 반세기가 지났지만 괴델리츠 가문의 집은 변한 것이 없었다. 변한 것은 그 집을 오간 사람들이었다. 베를린 장벽이 무너진 지 25년.

동독인과 서독인은 서로를 향해 어떤 독일인인지를 아직도 궁금해하고 묻고 또 대화하고 있었다. 다르지 않았다. 취재를 하면서 만난 이들에게 많이 듣던 질문이었다.

"사람들이 물어요, 너는 노스냐 사우스냐. 저는 대체 어떤 코리안입니까?"

"서로를 존중하지 못하면 공동으로
미래를 개척하는 일에 어려움이 따를 것입니다"

한스 모드로프는 동독 공산당의 마지막 총리로 알려진 정치인이다. 1928년생인 그는 1973년 동독 공산당의 드레스덴 지역 서기를 맡았었다. 동독 공산당의 정식 명칭은 독일사회주의통일당이다. 1949년 이후 동독의 지배 정당으로서 사실상 일당독재체제를 구축했었다. 사회주의통일당의 당원들이 정부의 권력을 독점했으며 권력을 유지하기 위해 비밀 정보기관인 슈타지를 통해 사회 전반을 통제했다.

그는 사회주의통일당 당수인 에곤 크렌츠가 1989년에 축출되면서 사실상 동독의 마지막 권력자가 되어 베를린 장벽의 붕괴부터 시작된 독일 통일의 전 과정을 지켜봤다. 통일 이후에도 연방의회와 유럽의회 등에서 정치 활동을 계속했고 지금은 독일 좌파당의 고문으로 있다.

KBS 취재진을 만난 한스 모드로프 전 동독 총리.

　탈북자 문제를 어떻게 풀어갈 것인가의 문제는 사실 통일을 대비한 미래를 이야기하는 것이기도 하다. 그런 점에서 통일 과정과 통일 이후의 혼란을 지켜본 독일 정치인과의 만남은 의미가 있다고 여겼다. 취재진은 그를 2014년 3월 베를린 좌파당 당사 회의실에서 만났다. 그 중 일부를 글로 옮긴다.

1989년 베를린 장벽이 무너지던 당시의 상황에 대해 듣고 싶습니다.

모드로프 　장벽이 무너지던 날은 동독 사회주의통일당의 전당대회가 있던 날이었고 새로운 당수를 선출하기로 되어 있었습니다. 11월 8일과 9일의 일이었습니다. 장벽이 개방되던 그 상황에 대해 우리는 무방비의 상황이었죠. 어느 기자회견을 통해 개방이 되었다는 소식을 들었고 수천에 달하는 주민들이 서베를린을 구경하러 몰려간다는 얘기를 들었습니다. 당시 동독의 정치권과 안전분야 책임자는 그런 상황에 전혀 준비가 안 되어 있었습니다. 국경을 개방하기로 한 것은 당시 국경에서 근무하던 장교들이었습니다. 정당이나 국가의 지도자가 결정한 것이 아니었단 말이죠.

베를린 장벽의 붕괴를 가능케 했던 동독 내부의 민주화 시위에 대해 듣고 싶습니다.

모드로프 잘 알려진 것처럼 라이프치히에 있는 성니콜라이 교회의 월요 기도모임이 전국적인 시위로 번져나갔습니다. 하지만 그전에도 동독의 여러 내부적인 모순으로 인한 불만들이 누적되어 있던 상황이었고, 시위는 1989년 말까지 계속되었습니다. 처음에는 "우리는 민족이다"라는 구호를 외쳤습니다. 동독 주민들은 더 많은 민주주의와 참정권을 요구했습니다. 그러다 1990년 4월 1일에는 다른 구호가 등장했습니다. "우리는 하나의 민족이다"라는 것이었죠. 이 구호가 동독지역에 큰 영향을 끼치면서 통일에 대한 생각과 논의들이 봇물 터지듯 쏟아져 나왔습니다.

장벽이 붕괴될 때 기존 동독의 기득권 세력의 반발이라든지 무력진압 움직임은 없었는지 궁금합니다.

모드로프 당시 동독지역에는 35만 명 이상의 소련군이 주둔하고 있었습니다. 가족까지 합하면 50만 명이 넘는 소련인들이 있었던 것이죠. 그래서 비폭력이란 주제는 매우 중요한 문제였습니다. 1989년부터 1990년 초까지 매우 위험한 상황이 계속됐습니다. 바르샤바에 있던 소련군 사령관이 폭력이 발생되는 것을 저지하라는 말을 반복해서 할 정도였죠. 그래서 우리는 폭력이 아닌 정치로 문제를 해결하는 데 총력을 기울렸습니다. 사회주의통일당 당원들도 시위가 폭력으로 발전하지 않도록 최선을 다했습니다.

통일 이후 동서독 통합의 과정을 겪으면서 느낀 점이 있다면 무엇입니까?

모드로프 자유란 무엇인가를 가지고 질문을 할 때 저는 과거 동독의 시민으로서 서유럽으로 여행할 수 없었던 것을 떠올립니다. 그리고 동서독이 통일을 이루게 되고 여행이 자유로워졌죠. 하지만 여행이 자유로워진 대신 원하는 만큼 먼 곳까지 여행을 할 만한 돈은 수중에 없었습니다. 이것이 바로 현재의 독일이 직면해 있는 문제입니다. 통일 이후의 법적인 조치들로 인해 과거 동독지역에 살던 젊은이들이 받는 임금은 서독지역에 사는 사람들보다 약 20% 정도 낮은 수준에 있습니다. 1990년 이후에 약 200만 명에 달하는 사람들이 동독에서 서독지역으로 이주했습니다. 저는 사회적 평등이라는 문제를 말하고 싶습니다. 인권이라는 것이 단순히 자유만 있다고 되는 것이 아니라 사회적 평등과 권리가 수반되어야 한다는 점 말입니다. 한국도 통일 후 남한과 북한 사이에 사회적 평등과 자유를 공존시킬 수 있을지 고민하고 서로를 존중해야 함을 잊어서는 안 됩니다. 이 문제는 아직도 독일에 여전히 남아있는 숙제이기도 합니다.

통일 이후 동독의 경제 상황을 예를 들어 듣고 싶습니다.

모드로프 드레스덴 지역을 예로 들면 90년대 말 실업률이 20%까지 치솟았고 다른 지역도 30%를 넘나들었습니다. 실업률이 높다 보니 사람들이 떠나는 악순환이 계속된 것입니다. 동독 시절에는 물건을 팔고 돈을 벌어들이는 것이 중요하지 않았습니다. 정해진 양을 생산했기 때문에 생산하는 제품은 모두 팔리게 되어 있으므로 실제로 자유경쟁체제에서 팔 수 있는 경쟁력은 없었던 것이죠. 그러다보니 공장들이 도산했습니다. 통일 이후 동독인들은 처음에는 도취 상태에 빠져 있었습니다. 막연한 미래에 대한 희망 같은 것 말입니다. 하지만 현실은 그 반대로 일자리가 없어지고 그로 인해 미래가 어떻게 될지 모르는 불안한 상황이 되어버렸습니다.

서로를 존중해야 한다는 것의 의미에 대해 좀 더 설명을 듣고 싶습니다.

모드로프 사람들이 오랜 시간 동안 함께 살지 않았던 것으로 인해 야기되는 많은 문제들이 있을 것입니다. 한국은 이점을 철저하게 유념해야 합니다. 독일은 통일을 하는 과정에서 이런 문제들을 협약으로 만들었습니다. 통일협약서 34조에 들어 있는 내용이 그것입니다. 오랜 시간 분단되어 있었으나 동독은 이바지한 것이 있다는 내용입니다. 독일이 갖는 국가의 문화를 지속성 있게 발전시켰다는 것이죠. 이러한 것들을 존중하며 서로를 인정해야 할 것입니다.

한국 국민들에게 조언하고 싶은 것이 있으시다면 말씀해주십시오.

모드로프 무엇보다도 남쪽과 북쪽의 모든 사람들이 통일을 원하는 것이 가장 중요하다고 봅니다. 그 다음에는 서로가 다른 사회에서 살아온 상대를 진실로 존중하는 것만이 최선입니다. 서로를 존중하는 것에 도달하지 못한다면 공동으로 미래를 개척하는 일에 어려움이 따를 것입니다.

통일 이후에 함께 살 사람들

미간에 힘이 들어가더니 얼굴을 찡그렸다. 감자튀김을 앞에 두고였다. 부지기수로 굶어죽어 가던 시절 살아보겠다고 언 감자를 주워 먹던 기억 때문이라고 했다. 입맛을 자극하는 튀긴 감자의 바삭거림도 그녀에겐 처절하던 그때일 뿐이었다. 취재진은 썩어가는 언 감자의 거무튀튀한 냄새를 알 수 없었다. 배를 곯다보면 눈 주위가 벌게진다는 말도 실감할 수 없었다. 머리로만 알고 있는 것이 있다. 겪지 않았기 때문이다. 당연한 일이다. 보통의 취재는 그렇게 머리로 시작해 머리로 끝나기 마련이다. 하지만 영국 어딘가의 구석자리에선 달랐다. 감자튀김을 밀어내던 한 탈북자의 손마디는 거칠었다. 그제야 방송이 아닌 사람이 보였다. 그 부르트다 못해 굳어버린 살점들을 보며 취재진은 비로소 가슴을 더할 수 있었다.

사실 그들의 말을 어디까지 믿어야 할지는 아직도 확신이 없다. 몇

몇 취재를 통해 자신의 경험보다 과장해서 말을 보태는 탈북자들을 다수 접했던 경험도 있다. 확인을 할 수 없으니 검증은 애초에 불가능한 말들이 많았다. 더구나 거의 대부분 삶과 죽음의 경계에 서 본 적이 있는 사람들이었다. 그리고 어쨌든 살아남은 이들이었다. 한번 배고파본 적 없이 자란 취재진에겐 버거운 사람들이었다. 때문에 그들이 쏟아내는 말이 일방적일 수도 있고 검증을 감당할 수도 없다는 점은 프로그램을 기획하는 내내 고민거리였다.

하지만 '결국 이들은 통일 이후에 함께 살 사람들'이라는 관점에서 출발하기로 했다. 옆집 사람의 이야기를 들어주듯 그들의 이야기를 듣고 기록하는 일에 의미를 부여하기로 했다. 찾아가 만나는 탈북자들마다 비슷한 사연을 펼쳐 전하는 것이 반복되면서 사실 여부에 대한 의심도 어느 정도 거둘 수 있었다.

시작은 무심코 얻어 들은 한마디였다.

"한국에 들어와 정착했다가 차별이 싫다며 3국으로 나가는 탈북자들이 있다더라."

어느 날인가 문득 떠올라 검색해보니 간간이 짧은 취재 기사들이 보였다. '우리가 집도 주고 돈도 주고 했는데 왜 나가지'라는 의문 속에 자료와 연락처를 하나씩 모으기 시작했다. 탈북 단체를 접촉해 브로커들을 소개받고 그들을 통해 다른 브로커들과 실제 난민으로 3국행을 택한 사람들을 찾아 나섰다. 하지만 쉬울 것이라는 기대는 애초 없었음에도 불구하고 통화 한 번 하는 것조차 어려울 정도로 취재는 곳곳이 장벽이었다. 입장 바꾸어 생각하면 당연한 일이었다. 성공적으로 출국한 탈북자는 그들대로, 실패한 사람들 역시 또 그들대로 언론을 접촉해 득 될 것이 없었다. 보장해줄 것이 없는 취재였으니 어쩌다 이어진 전화를 붙잡고 그저 한번 일단 만나보자고 사정하는 수밖에 없었다. 국내였으면 문이라도 두드려 봤겠지만 통화도 새벽에 해야 되는 그 곳은 말 그대로 이역만리였다.

새벽마다 전화기를 붙잡고 잠을 이루지 못한 밤이 한 달쯤 지나서야 한번 와보라는 사람들의 목소리를 몇 들을 수 있었다. 그 서넛을 믿고 촬영팀을 꾸려 영국행 비행기를 탔다. 이후 취재의 진행은 이 책에 나온 그대로이다. 주소 한 장 달랑 들고 도버해협을 넘어 벨기에까지 갔다가 문전박대 당했을 때의 막막함과 소송 운운하며 늦은 밤 미국 어딘가에서 받아내야 했던 욕지거리는 방송 전파와 함께 흘려버렸다. 북한으로 어머니를 보러 가겠다는 탈북자를 오히려 말려야 했고, 언니가 중국 인신매매 조직에 팔려 운남성에 있는 것 같다고 도와달라는 탈북자 앞에선 한없이 무력했던 것도 기억으로 남아 있다. 대화를 시도하느라 밤마다 한 병씩 마셔야 했던 값싼 위스키는 덤이었다.

취재는 2012년 4월 8일 KBS 스페셜을 통해 전파를 탔다. 방송 다큐멘터리로는 처음으로 탈남탈북자의 실태에 대해 심층 취재했다. '왜 그들은 목숨을 걸고 입국한 대한민국을 떠나 또 다시 3국을 떠도는 해외 탈북난민이 되었는가'에 대한 물음은 방송이 끝나고 난 후에도 적지 않은 시청자들의 관심을 끌었다. 관련 기관의 자료제공 및 강의 요청도 있었고, 탈북자 커뮤니티에서의 반향도 직간접적으로 접할 수 있었다. 방송의 시간적 한계로 덜어낼 수밖에 없었던 브로커들의 대출 사기 범죄는 추적 60분팀에서 후속 취재를 했다. 2012년 8월 '2012 탈남 보고서'라는 제목의 방송이 그것이다.

방송에 대한 평가는 후했다. 탈북자가 2만 명이 넘어가지만 지금껏 정부 통계조차 없던 해외 탈북난민의 실태를 방송에서 처음으로 보여줌으로써 공영방송의 역할 제고에 기여했으며, 탈북 이후의 삶에 대해서 새로운 관점으로 접근한 기획도 높은 점수를 받았다. 신원 노출을 꺼리는 해외 탈북난민들을 장기간 추적 관찰한 취재진의 노력에 대한 평가도 있었다. 찬사는 수상으로 이어졌다. 2012년 ABU 교환 다큐멘터리로 선정된 데 이어 2013년 6월 반프상 수상을 이뤄냈다. 반프상은 에미상, 몬테카를로상과 함께 세계 3대 TV상으로 불리는 상이다. KBS 프로그램으로는 사상 최초의 수상이었다.

제작진에게 호평과 수상은 물론 기쁜 일이다. 하지만 고민 끝에 힘겹게 취재에 동의해줬던 이들에게 정작 방송이 어떤 힘이 되었는지를 생각해보면 고개를 숙일 수밖에 없다. 방송 프로그램 하나로 세상을 바꾸겠다는 순진함은 아니지만 방송을 통해 말하고자 했던 탈북자의 사후 관리와 남북한의 정서적 통합과 같은 명제들은 공론화되지도 못했고, 제도적 개선은 한참 멀어 보인다. 때문에 '취재를 기록으로 남기면 어떨까'라는 생각을 했다. 방송이 갖는 시공간의 제약을 넘어 글로 한 번 더 문제 제기를 하고 싶었다. 방송국 밥을 먹은 지 10년째, 취재를 한 번쯤 글로 남겨보고 싶다는 개인적 욕심도 한 몫 했다. 추적 60분과 소비자고발 같은 취재 프로그램을 제작하다 보면 편집에서 덜어

내야 하는 취재 분량이 아쉬울 때가 많다. 한 번의 방송이 끝나면 쌓이는 수백 페이지 분량의 인터뷰 녹취록과 100여 시간이 넘는 촬영본이 그저 폐기되는 것을 볼 때면 안타까웠다. 이런 기억들 때문에 책을 써 보겠다고 나섰는지도 모른다.

방송 내용을 바탕으로 편집에서 뺐던 말과 기억들을 꺼내 다시 모았다. 관련 있는 후속 취재들도 덧붙였다. 특히 탈남을 부추기는 브로커들의 대출 사기에 대한 내용은 추적 60분의 방송 내용을 토대로 다시 정리했다. 추적 60분팀은 캐나다 현지 취재도 마다하지 않으며 어려운 취재를 충실히 수행해 고발 프로그램의 진가를 보여줬다.

생각 끝에 취재에 협조해준 사람들의 이름은 모두 다시 한 번 가명으로 처리했다. 어차피 방송에 나온 그들의 이름도 진짜 이름은 아닌 경우가 많았다. 하지만 혹시 글로 인해 그들에게 어떤 심려라도 끼치면 안 된다는 생각에 다시 가명을 썼다. 비슷한 이유로 기록은 온전히 글로 읽히길 바랐다. 방송 프로그램을 출판할 경우 책의 많은 부분은 방송에 나왔던 영상과 사진이 된다. 하지만 아직도 언론 노출을 꺼리는 사정이 개선되지 않은 점을 고려할 때 영상의 사용은 절제하고 싶었다. 책은 친절해야 한다는 주변의 조언을 받아들여 일부 사용은 하지만 글의 이해를 돕기 위한 최소한의 사진만 싣고 모두 활자에서 푸는 것을 목표로 했다. 미진한 부분이 있다면 전적으로 글쓴이의 능력이 모자란 탓이다.

기록이라는 것이, 활자로 남긴다는 것이 이렇게 힘에 부치는 작업인 줄은 미처 몰랐다. 뭐든 겪어봐야 아는 미련함으로 꾸역꾸역 한자 한자 채우다 보니 내용보다는 일단 채워넣는 작업에 급급했다. 때론 기억에 의존했고 직접 하지 않은 취재는 경험을 토대로 방송본을 참고했다. 부족함이 여러 사람에게 폐가 안 되길 바랄 뿐이다.

고개 숙여 감사드릴 분들이 한둘이 아니다. 우선 방송은 개인의 성과가 아닌 협업의 산물이라는 점을 분명히 하고 싶다. 이름을 열거하는 것이 무의미할 정도로 많은 선후배들의 도움을 받았지만, 여기서는 프로그램에 직접 관련이 있었던 분들만 꼽아본다. 섭외도 촬영도 불투명한 아이템을 들고 온 후배의 치기를 허진, 우종택 국장님께서 믿고 받아주셨다. 한창록 책임 프로듀서는 프로그램의 처음부터 끝까지 손이 안가는 곳 없이 꼼꼼하게 체크해주셨다. '후배는 선배의 그늘에서 큰다' 는 느낌을 제대로 알게 해준 한창록 선배에게 감사드린다. 'KBS 특별기획 김정일' 을 연출한 이재정 선배는 어려움이 있을 때마다 찾아가는 후배에게 귀찮은 내색 한번이 없었다. 항상 부족한 후배를 능력 있는 제작자의 한사람으로 존중해주는 선배에게 고맙다는 말을 제대로 한 적이 없다. 무한 감사드린다. 민혜진 작가는 미국과 영국을 가리지 않고 전화기를 돌려대며 함께 밤을 지새웠다. 민 작가는 어떤 어려운 작업도 마다한 적이 없다. '파트너' 라는 말은 민혜진 작가의 몫일 것이다. 조운호 VJ는 촬영 기간 내내 까다로운 피디의 요구를 소화하느라, 또 술 좋아하는 탈북자들을 상대하느라 고생했다. "방송은 음악이다"라는 말을 증명이라도 하듯 매번 실망시키지 않는 결과물을 들고 나타나는 장재영 음악감독과 편집의 마법을 보여준 최웅모 감독도 빼놓을 수 없다. 전하연 서브작가와 이동환 AD도 항상 곁을 지켜주었다. 추적60분의 강희중 책임 프로듀서와 유희원 선배는 그들이 공들인 작업을 활자로 옮기는 데 흔쾌히 동의해주셨다. 이건협 책임 프로듀서는 출품과 수상의 자질구레한 일을 손수 챙겨주셨다. 존경할 뿐이다.

여러 전문가들의 도움도 방송 안팎으로 오롯이 녹아있다. 자유북한방송 김성민 대표와의 인연은 북한과 통일 관련 프로그램을 제작할 때마다 도움이 되었다. 두리하나선교회의 천기원 목사는 무턱대고 찾아간 취재진을 위해 선뜻 사람들을 수소문해주셨다. 머리 숙여 감사드릴 수밖에 없다. 셋넷학교 박상영 교장과 연세대학교 전우택 교수 등, 이 문제를 천착하고 계신 여러 전문가들의 조언은 프로그램을 기획하고 마무리하는 데 방향타 역할을 했다. 그분들이 없었으면 애초 불가능한 작업이었을 것이다.

운 좋게 저술지원의 기회를 얻지 못했으면 게으름으로 한없이 미뤘을지도 모른다. 언론인들의 저술을 지원하고 출판의 기회를 준 재단과 출판을 맡아 부족한 글을 완성된 책의 형태로 가공해준 KBS 미디어 신지선님과 출판사 성안북스 최옥현, 이병일님의 작업과 노고에도 고개 숙인다.

써야겠다고 생각하고 난 후, 공교롭게도 새 프로그램의 론칭과 잦은 해외출장 등이 겹쳤다. 이런저런 이유를 갖다 붙이며 몇 번이고 접으려고 할 때마다 곁에는 반려자가 있었다. 임신과 출산으로 정작 힘든 것은 반려자였지만 있는 투정 없는 투정으로 날을 새는 남편을 다

독여줬다. 쑥스러워 말해준 적은 없지만 이자영은 다시없을 선물이고 축복이다. 동생은 작년 KBS 드라마로 대중앞에 섰다. 이미 공인 받은 지 오래된 재능을 꽃 피우기 시작했으니 어디까지 뻗을지 그 끝을 알 수가 없다. 처음 글을 써보는 오빠의 번거로운 청을 여러 번 들어줘 고마울 뿐이다. 생사를 넘나들었던 사람들을 만나다보면 새삼 잘 키워주신 양가 부모님 은혜에 감사드리게 된다. 언제쯤 멋진 효도를 한 번이라도 할 수 있을지, 자식은 항상 부족하기만 하다. 방송을 할 때 첫째 딸이 힘차게 세상의 문을 열어 젖혔고, 이 글을 끝낼 때쯤 둘째 딸이 세상 빛을 봤다. 살아가는 이유가 명확해졌다. 할 수 있는 모든 것을 두 딸 이서와 이재 자매에게 바친다.

해외 탈북 난민 설문조사 결과

KBS 스페셜 "탈북 그 후, 어떤 코리안"을 제작하는 과정에서 취재진은 영국·벨기에·네덜란드·미국 등에 거주하는 탈북난민 46명에 대해 면접 설문 조사를 실시했다. 직접 대면과 전화 통화 등의 방식이었다. 탈남해 3국행을 택한 탈북자들이 언론과의 접촉을 꺼리는 상황을 고려할 때 이들의 현재 상태 및 심리를 파악할 수 있는 단초라고 생각하여 수록한다.

또한 홍정욱 전 의원실에서는 이 문제에 대해 관심을 갖고 영국에 거주하는 탈북자 91명을 대상으로 설문을 실시한 바 있었다. 재영조선인협회를 통해 이루어진 이 설문의 결과는 취재진이 프로그램 기획 단계에서 제공받아 활용한 바 있다. 영국에 있는 탈북자로 한정되긴 했지만 질문이 겹치지 않는 범위 내에서 일부 발췌, 수록해 독자들의 이해를 돕고자 한다.

KBS 스페셜 '탈북 그 후, 어떤 코리안' 설문 결과

1 _ 성별 / 총 46명

무응답 - 1명
남자 - 19명
여자 - 26명

2 _ 평균연령 : 35세

3 _ 북한에서의 최종 학력

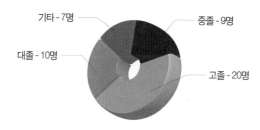

기타 - 7명
중졸 - 9명
대졸 - 10명
고졸 - 20명

4 _ 남한에서의 최종 학력

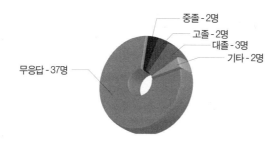

중졸 - 2명
고졸 - 2명
대졸 - 3명
기타 - 2명
무응답 - 37명

5 _ 현재 법적 지위(중복 응답)

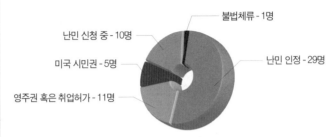

- 불법체류 - 1명
- 난민 신청 중 - 10명
- 미국 시민권 - 5명
- 영주권 혹은 취업허가 - 11명
- 난민 인정 - 29명

(현재의 신분 상태를 물어보는 질문에 다수의 탈북자들은 본인들이 난민비자를 받은 상태라고 답했다. 현장에서 만났을 때와는 다른 결과이다. 신분에 대해 민감한 그들의 심리 상태를 알 수 있다.)

6 _ 제3국행을 선택한 이유(중복 응답)

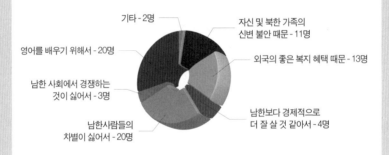

- 기타 - 2명
- 자신 및 북한 가족의 신변 불안 때문 - 11명
- 영어를 배우기 위해서 - 20명
- 외국의 좋은 복지 혜택 때문 - 13명
- 남한 사회에서 경쟁하는 것이 싫어서 - 3명
- 남한사람들의 차별이 싫어서 - 20명
- 남한보다 경제적으로 더 잘 살 것 같아서 - 4명

7 _ 현재 체류 중인 국가를 선택한 이유

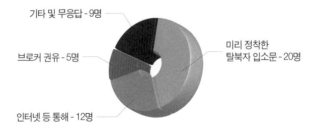

- 기타 및 무응답 - 9명
- 브로커 권유 - 5명
- 미리 정착한 탈북자 입소문 - 20명
- 인터넷 등 통해 - 12명

8 _ 정착 과정에서의 어려운 점(중복 응답)

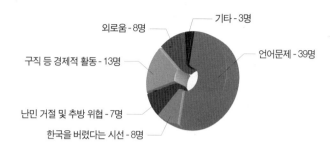

기타 - 3명
외로움 - 8명
구직 등 경제적 활동 - 13명
언어문제 - 39명
난민 거절 및 추방 위협 - 7명
한국을 버렸다는 시선 - 8명

9 _ 본인이 어디 소속이라고 생각하는지

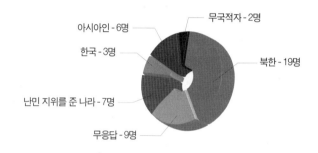

무국적자 - 2명
아시아인 - 6명
한국 - 3명
북한 - 19명
난민 지위를 준 나라 - 7명
무응답 - 9명

10 _ 자신의 미래

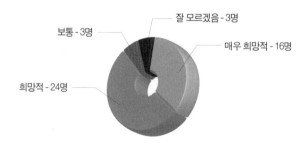

잘 모르겠음 - 3명
보통 - 3명
매우 희망적 - 16명
희망적 - 24명

11 _ 다른 3국으로 이주할 생각이 있는지

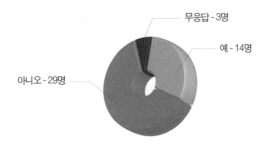

무응답 - 3명

예 - 14명

아니오 - 29명

12 _ 한국에 있을 때 한국사람들과 함께 살아간다는 느낌이 있었는지

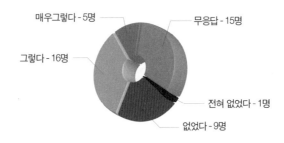

매우그렇다 - 5명

무응답 - 15명

그렇다 - 16명

전혀 없었다 - 1명

없었다 - 9명

13 _ 한국 국민이라는 의식이 있는지

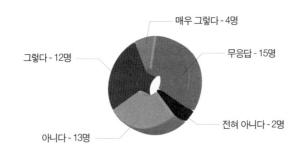

매우 그렇다 - 4명

그렇다 - 12명

무응답 - 15명

아니다 - 13명

전혀 아니다 - 2명

14 _ 한국 문화권에 속해 있다고 느끼는지

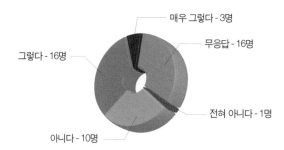

매우 그렇다 - 3명
무응답 - 16명
그렇다 - 16명
전혀 아니다 - 1명
아니다 - 10명

15 _ 한국에 있었을 때 쓸모없는 사람이라는 생각이 들었는지

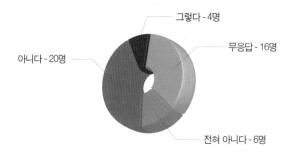

그렇다 - 4명
무응답 - 16명
아니다 - 20명
전혀 아니다 - 6명

16 _ 탈북자라는 이유로 한국사람들한테 무시당한 경험이 있는지

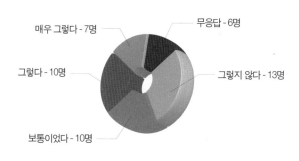

매우 그렇다 - 7명
무응답 - 6명
그렇다 - 10명
그렇지 않다 - 13명
보통이었다 - 10명

17 _ 현재 체류 중인 3국 사람들에게 무시당한 경험이 있는지

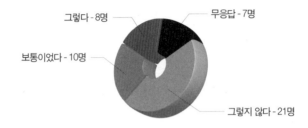

그렇다 - 8명

무응답 - 7명

보통이었다 - 10명

그렇지 않다 - 21명

재영 탈북자 대상 설문 결과(홍정욱 의원실)

1 _ 성별 / 총 91명

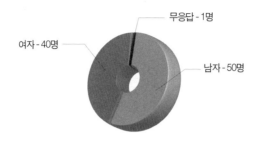

무응답 - 1명

여자 - 40명

남자 - 50명

2 _ 나이 : 평균 42세

3 _ 영국 망명한 연도 : 평균 2007년

4 _ 영국 생활 기간 : 평균 45개월

5 _ 취업 유무

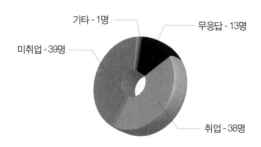

기타 - 1명

무응답 - 13명

미취업 - 39명

취업 - 38명

6 _ 영국에서의 교육 유무

무응답 - 21명

없음 - 51명

있음 - 19명

7 _ 망명 허가 대기 시간

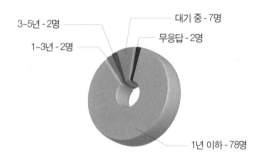

3~5년 - 2명

대기 중 - 7명

1~3년 - 2명

무응답 - 2명

1년 이하 - 78명

8 _ 수입 형태

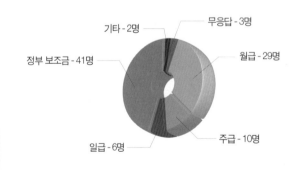

기타 - 2명

무응답 - 3명

정부 보조금 - 41명

월급 - 29명

일급 - 6명

주급 - 10명

9 _ 직업 형태

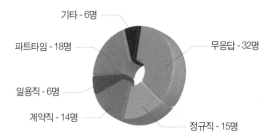

기타 - 6명
파트타임 - 18명
일용직 - 6명
계약직 - 14명
무응답 - 32명
정규직 - 15명

10 _ 고용주

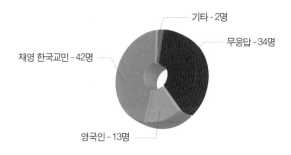

기타 - 2명
무응답 - 34명
재영 한국교민 - 42명
영국인 - 13명

11 _ 영국 사회보장제도에 만족하는지

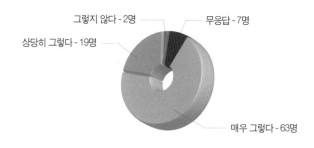

그렇지 않다 - 2명
상당히 그렇다 - 19명
무응답 - 7명
매우 그렇다 - 63명

12 _ 애정 가는 나라

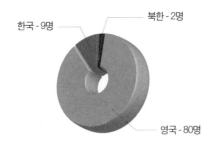

한국 - 9명
북한 - 2명
영국 - 80명

13 _ 다시 한국으로 돌아갈 생각이 있는지

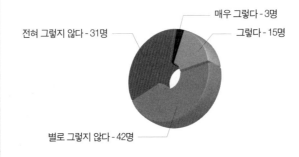

전혀 그렇지 않다 - 31명
매우 그렇다 - 3명
그렇다 - 15명
별로 그렇지 않다 - 42명

반프상 수상 참가기|(KBS PD 협회보 게재, 2014. 7)

2012년 4월 전파를 탄 KBS 스페셜 "탈북 그 후, 어떤 코리안"은 이듬해인 2013년 6월 캐나다 반프에서 열린 제34회 반프 월드 미디어 페스티벌(BANFF WORLD MEDIA FESTIVAL)에서 시사/탐사 부문(Investigative & Current Affairs Programs) 최우수작품상을 수상했다. 에미상, 몬테카를로상과 함께 세계 3대 TV상으로 꼽히는 반프상에서 KBS 최초의 수상이었다. 특히 수상작 다수가 유럽과 북미에 편중된 상황에서 아시아 방송사 출품작으로는 주요 부문의 유일한 수상이었다. 다음은 KBS PD 협회보에 게재되었던 반프상 수상 참가기이다.

후보작 4편의 짧은 하이라이트가 끝나자 시상자가 봉투를 뜯었다

"Investigative & Current Affairs goes to…" 하고 잠시 뜸을 들이더니 "KBS"를 호명했다. 순간 멍했고 곧바로 나가서 더듬더듬 영어로 수상 소감을 말하느라 애먹긴 했지만 막상 수상자가 되어 단상에 올라간 기분은 묘했다. 재빨리 홍보해준 선배들 덕에 쌓여가는 축하 문자들을 보고 나서야 '상을 받았구나' 라는 실감이 났다. 이게 웬 호사인지. 언감생심. 연초에 토정비결에 무슨 말이 나왔었나를 생각해보기까지 했다. 며칠 다녀왔다고 분에 넘치게 반프에 대해 이러쿵저러쿵 말하기는 뭐하지만 기왕 다녀온 것, 앞으로 가야할 선후배들을 위한 길라잡이 정도로 생각하고 경험을 공유해본다.

반프는 캘거리 공항에서 버스로 2시간 거리에 있는 휴양도시다. 로키산맥 중턱에 있고 가보면 그림같이 예쁘다는 말을 실감하게 된다. 공항에서 반프의 모든 숙소 앞까지 태워다주는 셔틀버스를 예약하면 편하다. 행사는 반프 시내에서 약간 떨어진 페어먼트 호텔에서 열렸다. 캐나다에서 손꼽히는 좋은 호텔이라고 한다. 물론 비싸다. 시내로 나오면 다양한 숙소가 여럿 있다. 조직위원회에서 참가자들에게 할인해주는 숙소 명단을 메일로 보내준다. 참자가 ID를 얘기하면 숙소에서 호텔을 오가는 시내버스 무료티켓을 준다. 자전거를 타면 시내에서 호텔까지 20분쯤 걸리는데 산중턱이라 허벅지가 약간 뻐근할 수도 있다. 참가비는 약 300$ 정도 했던 것으로 기억된다. 후보자 1인만 참가비를 면제해준다. 이것 외에 혜택은 없다. 주최 측에 교통비와 숙소 제공까지는 기대하지 않더라도 여튼 좀 배짱이라는 생각이 든다.

매년 6월 이곳에서 반프 월드 미디어 페스티벌(BANFF WORLD MEDIA FESTIVAL)을 한다. 세계 3대 TV프로그램 상이라는 말을 들었다. 행사는 일주일간 한다. 시상식은 Drama, Factual Entertainment 등 5개의 장르 밑에 26개 부문으로 나눠서 했다. 각 부문에는 4~5개의 후보작이 있었다. 먼저 부문별 시상식을 하고 다음날 수상자들만 모여서 일종의 대상격인 장르별 수상자를 발표했다. '탈북 그후, 어떤 코리안'은 그중 시사/탐사 부문의 수상작이었다. 26개 부문 중 23개 수상작이 북미와 유럽에서 나왔다. 나머지 3개를 브라질, 싱가포르, 한국이 나눴다. 몇 년 전인가. 요즘 '제가 한번 먹어보겠습니다'로 화제가 되고 있는 이영돈 선배의 반프상 심사위원 활동 소감이 PD협회보에 실린 적이 있었다. 그때 영어권에 편중되는 심사의 문화적 불공정성에 대해 언급했던 기억이 있다. 그동안 KBS에서 수상작이 없었던 것에도 이런 이유가 있었을 것이다.

시상식에서 기억에 남는 것이 몇 가지 있다. BBC의 2013년 주력 프로젝트였던 '아프리카 시리즈'와 NHK가 100억이 넘는 제작비를 쏟아부었다고 해서 화제가 되었던 'Cosmic Shore' 같은 대작

들은 예외 없이 수상작이 되지 못했다. 어떤 수상자는 소감으로 제작비를 마련하기 힘들었다는 말을 했다. 제작비는 만국 제작자들의 공통적인 문제인가 보다.

특이하게 탈북자에 대한 또 다른 작품이 Cross platform project 부문에 후보로 올라와 있었다. 캐나다 방송사의 다큐멘터리였다. 북한 문제가 국제적으로 주목을 받는 소재임을 절감했다. 세계적으로 가장 유명한 한국인은 김정일(지금은 김정은이겠지만)과 김연아라는 농담처럼 그들은 북한을 'The last big story'로 보고 있다. 제작도 어렵고 좌우를 가리지 않는 참견과 훈수도 번거로워, 북한은 선뜻 다루기에는 힘든 주제이다. 하지만 'KBS의 책무'와 같은 거창한 단어까지는 아니더라도 우리가 가장 잘 할 수 있는 주제를 세계에서 주목하고 있다면 제작본부 차원에서 전략적으로 고민해볼 필요는 있다고 본다.

시상식만 있는 것은 아니었다. 오히려 시상식은 잠깐이고 며칠 내내 각종 워크숍과 피칭 등 일종의 거대한 프로그램 시장과 같았다. 참가하겠다고 회신한 후 ID를 받자 곧 어디어디 제작사인데 한번 만나자는 메일이 제법 왔다. 오전, 오후 가리지 않고 리셉션 같은 행사를 찾아다니면 정말 많은 해외의 방송 관계자를 만날 수 있다. 물론 밥도 해결할 수 있다. 단 전제조건은 처음 만나도 십년지기처럼 대화할 수 있는 능력이다. 단순히 영어로 소통할 수 있는가의 문제라기보다는 그런 문화에 익숙해질 수 있냐의 문제인 듯하다.

눈에 띄는 것은 중국이었다. 셋쨋날 베이징 데이라는 행사를 오전 오후에 두 차례 했다. 중국 문화를 소개하는 수준이긴 했는데 모르긴 몰라도 그런 행사를 진행하려면 돈이 상당히 들어갔을 것이다. 몇 달 전 영국 리버풀이 생각났다. BBC의 올해 프로그램들을 소개하고 판매하는 쇼케이스였다. '아프리카 6부작'이 주력 상품이라며 갈라쇼를 따로 했다. 만찬장 상석에 BBC 선임 프로듀서들과 같이 앉아있던 사람들은 중국 CCTV 관계자들이었다. '아프리카' 제작에 중국이 수십억을 투자했다고 한다. 생각해볼 대목이다.

개인이 잘해서 받은 상이 아님을 잘 알고 있다. 여러 선후배들이 흔들릴 때마다 중심을 잘 잡아주셨다. 방송은 협업이다. 함께한 작가와 촬영 스태프, 조명 스태프가 없었으면 결코 해낼 수 없던 작업이다. 술 좋아하는 탈북자들을 상대하느라 밤마다 촬영 외에 부업을 해야 했던 스태프들이야말로 방송의 절반이었다.

그 어느 날인가 술자리에서 한국이 아닌 3국을 택하는 탈북자들에 대해 몇 마디 주워들었던 것이 이렇게 큰상으로 이어졌다. 진심으로 과분하다. 티끌만큼이라도 관련 있는 모든 분들께 무한 감사드린다.